墨香财经学术文库

"十二五"辽宁省重点图书出版规划项目

北京经济管理职业学院资助

The Whole Life Cycle Tax
Planning of Enterprises

企业全生命周期税务筹划

王玉娟 ◎ 著

东北财经大学出版社
Dongbei University of Finance & Economics Press

大连

图书在版编目（CIP）数据

企业全生命周期税务筹划 / 王玉娟著. 一大连：东北财经大学出版社，2020.11
（墨香财经学术文库）
ISBN 978-7-5654-4042-7

Ⅰ．企… Ⅱ．王… Ⅲ．企业管理-税收筹划 Ⅳ．F810.423

中国版本图书馆CIP数据核字〔2020〕第232736号

东北财经大学出版社出版发行

　　大连市黑石礁尖山街217号　邮政编码　116025

　　网　　址：http：//www.dufep.cn

　　读者信箱：dufep@dufe.edu.cn

大连永盛印业有限公司印刷

幅面尺寸：170mm×240mm　字数：168千字　印张：11.5　插页：1
2020年11月第1版　　　　　2020年11月第1次印刷
责任编辑：张晓鹏　曲以欢　　责任校对：京　玮
封面设计：冀贵收　　　　　　版式设计：钟福建
定价：48.00元

前言

　　随着市场经济的发展，税收和经济的关系变得更为密切。税负对个人和企业的最终收益有着直接影响，因此，越来越多的企业经营者、财务人员等开始关注如何降低税负，提升最终收益。有这样一句名言："愚蠢者去偷税，聪明者去避税，智慧者去做税务筹划。"随着依法治税的深入、税收法制的完善，以及国家对偷逃税行为查处力度的加大，纳税人逃税的成本和风险越来越高。因此，必须认真学习税收知识，提高税务筹划水平。为此，笔者利用多年的理论积淀和实务经验，编写了《企业全生命周期税务筹划》这本书。本书的特色及创新之处主要体现在：

　　（一）时效性强

　　2019 年 1 月 1 日，我国开始全面实施新的个人所得税税法，同时自 2019 年 1 月 1 日起由税务部门统一征收各项社会保险费，纳税人需要利用新的个人所得税税法和社保政策重新进行税务筹划。此外，2019 年 5 月 1 日，我国开始对第一大税种增值税进行一般纳税人税率调整，增值税政策的调整对所有纳税人都产生了影响。而目前市场上的税务筹划图书大都是按照旧增值税政策和旧个人所得税政策进行编写的，没有以金税四期为背景进行税务筹划分析。本书以金税四期为背景，分析在新增值税和新个人所得税政策下，按照企业的生命周期分不同行业进行纳税筹划的方法，非常有价值。

（二）内容全面

本书不仅涉及不同行业的税务筹划，而且涉及的税种全面，包括增值税、消费税、企业所得税、个人所得税等 10 余个税种，能够对税务筹划进行全面分析研究。

（三）架构新颖

传统税务筹划图书普遍按照税种维度介绍税务筹划策略，但是税务筹划贯穿于企业的生命周期，不同时期财会人员的税务筹划需求不同，因此，按照企业的生命周期进行税务筹划分析，更加贴近纳税人的需求。本书打破了传统税务筹划图书的设计体系架构，从企业的生命周期出发，按照企业从初创、成长、成熟到衰退的不同时期所涉及的不同的业务流程设计体系，更加符合纳税人的工作实践。

（四）方法独特

企业的业务流程设计决定了税负的高低，企业的管理水平往往体现着业务流程设计的合理性。因此，企业管理水平对企业税负的高低起着非常重要的作用。在进行企业税务筹划方案设计时，笔者利用如供应链设计等管理学方面的知识来指导企业提升管理水平，从而优化企业业务流程，降低企业税负。

（五）模型分析

传统的税务筹划只是针对具体的涉税案例进行，本书打破了传统模式，利用数学工具建立税务筹划模型，使得筹划结论的应用范围更加广阔，同时也开拓了读者的思维。

在编写本书的过程中，我们参阅了大量相关文献，在此对这些作者深表谢意。

由于时间、条件、水平等的限制，书中难免有不足之处，恳请读者批评指正。

王玉娟

2020 年 8 月

▌目录

第一章　税务筹划总论

第一节　税务筹划的动因及意义

一、税务筹划的动因

目前世界各国的财政收入一般包括税收收入和规费收入两大类，对于企业来说，其所负担的税费是有差异的：

第一，性质不同。

税收是国家为满足社会公共需要，凭借公共权力按照法律所规定的标准和程序参与国民收入分配，强制地、无偿地取得财政收入的一种特定分配方式。规费收入是指政府机关在为特定人履行了一定行为或者在特定人要求使用公有物时，依法向其征收的行政手续费。

第二，征收部门不同。

税收由税务部门征收。规费由其他规定收费的单位征收。

第三，收取的形式不同。

税收具有强制性、无偿性和固定性的特征，税收的这三个特征是税收区别于规费的基本标志，税收是纳税人对国家法律所赋予义务的履行，国家不需要付出任何代价；规费收入是以国家机关为特定人提供某种特定服务或允许其使用国家某些权利为前提的，它是等价有偿的，它与具有无偿性的税收有着明显的区别。

第四，用途不同。

税收是政府凭借国家强制力参与社会分配、集中一部分剩余产品的一种分配形式，一般不具有特定的用途。但是，规费一般具有特定的用途。

由于税与费的上述差异，企业一般更乐于支付与其享受的特定服务有关的收费或认为缴纳规费是不可能避免的，但认为其享受的公共服务、公共物品是抽象的，人人可享的，与其是否纳税和纳税多少没有直接关系。因此，其总希望尽可能减轻自己的税收负担，即尽可能地争取晚纳税、少纳税甚至不纳税，但同时又希望尽可能享受政府提供的公共服务和公共物品。

现代经济学研究有两个基本的假定前提，即资源是稀缺的、人是理性的。资源的稀缺性要求人们对资源的使用应以效率为原则，使之发挥最大效用；经济人假设认为人是理性的、清醒的，即对自身行为的成本收益、风险有清楚的认识，在特定的环境下总是尽可能追求自身利益的最大满足。税务筹划也遵循现代经济学的这两个基本假定前提。另外，根据信息经济学理论，当信息不对称时，企业具有动机利用其掌握的会计信息进行盈余管理，也可能充分利用其掌握的会计信息最大限度地寻求自己的税收利益，即存在粉饰效应。

从现代经济学研究分析，减轻税负、实现税后利润最大化，是纳税人生来具有的动机和不懈追求的目标。既然税收是政府凭借政治权力和公共权力强制性征收的，纳税人就会寻找各种途径使其税后收益最大化。纳税人力图在法律允许的情况下，延迟缴纳税款。纳税人恒久存在着税务筹划的动因，但其目的最终是否能够通过税务筹划的形式得以实现，则主要取决于企业所处的客观环境和条件。

二、税务筹划的意义

企业正确地进行税务筹划，不论在微观上还是宏观上，都有积极的意义。

（一）税务筹划有助于提高纳税人的纳税意识

税务筹划与纳税人纳税意识的增强具有客观一致性。企业进行税务筹划的初衷的确是不缴纳、少缴纳或者晚缴纳税款，但是企业的这种行为是通过合法的或者不违法的形式进行的，企业对经营管理活动进行税务筹划是利用国家税收调控政策取得成效的具体借鉴。

对企业纳税的基本要求是：①财务会计账证齐全、行为规范、信息真实完整；②按规定办理营业登记和税务登记；③及时、足额地申报缴纳税款；④自觉配合税务机关的纳税检查；⑤接受税务机关的处罚，如上缴滞纳金及罚款等。

从我国税务筹划发展来看，进行税务筹划的企业多是外资企业或者大、中型内资企业。这些企业的会计核算和管理水平较高，纳税管理比较规范，相当一部分还是纳税先进户或者规范户。也就是说，税务筹划搞得好的企业往往是会计基础较好、纳税意识比较强的企业。税务筹划与纳税意识的这种一致性关系体现在：

其一，税务筹划是企业纳税意识提高到一定阶段的表现，是与包括税制改革在内的经济体制改革发展水平相适应的。只有税制改革与税收征收管理改革取得了一定的成效，税法的权威性才能得以体现；否则，税收不上来，而对非法逃避缴纳税款行为的处罚也仅局限于补缴税款，无疑会增加企业逃税的倾向。企业不必进行税务筹划即能取得较大的税收利益，那么企业依法纳税的意识自然不会很强。

其二，企业纳税意识与企业进行的税务筹划具有共同点，即企业税务筹划所安排的经济行为必须合乎税法条文和立法意图或者不违反税法，而依法纳税更是企业纳税意识的应有之意。

其三，设立完善、规范的财务会计账表和正确进行会计处理是企业进行税务筹划的基础和前提。会计账表健全、会计行为规范，其税务筹划的弹性应该会更大，其也为以后提高税务筹划效果提供依据；同时，依法建账也是企业依法纳税的基本要求。

（二）税务筹划有助于实现纳税人财务利益的最大化

税务筹划可以降低纳税人的税收成本，还可以防止纳税人跌入税收陷阱。税收陷阱是税法漏洞的对称，它是税法中可能导致纳税人多缴纳税款的某些条款。纳税人一旦大意或无意落入规定条款的界限中，就要缴纳更多的税款。税收陷阱的存在使纳税人不得不加以注意，否则就会落入税务当局设置的看似漏洞或者优惠、实为陷阱的"圈套"，导致多缴纳税款。税务筹划可防止纳税人跌入税收陷阱，不缴纳不该缴纳的税款，有利于纳税人财务利益最大化。

（三）税务筹划有助于提高企业的财务与会计管理水平

资金、成本、利润是企业财务管理和会计管理的三大要素。税务筹划就是为了实现资金、成本、利润的最优组合，从而提高企业的经济利益。企业进行税务筹划离不开会计。会计人员要熟知会计准则，更要熟知现行税法，要按照税法要求设账、记账、编制会计报告、计算税款和填报纳税申报表及其附表。这有利于提高企业的财税管理水平。

（四）税务筹划有利于提高企业的竞争力

税务筹划有利于贯彻国家的宏观调控政策。企业进行税务筹划，减轻了企业的税负，企业有了持续发展的活力，竞争力提高了，收入和利润增加了，税源丰盈，那么国家的收入自然也会随之增加。因此，从长远和整体看，税务筹划不会减少国家的税收总额，甚至可能增加国家的税收总额。

（五）税务筹划有助于优化产业结构和资源的合理配置

纳税人根据税法中税基与税率的差别，根据税收的各项优惠政策，进行投资、融资决策，业务流程再造，资产重组等，尽管在主观上是为了减轻税负，但是在客观上却是在国家税收的经济杠杆的作用下，逐步走上了优化产业结构和生产力合理布局的道路，体现了国家的产业政策，有利于促进资本的有效流动和资源的合理配置，也有利于经济的持续增长和发展。

（六）税务筹划有利于提高税收征管水平，不断健全和完善税收法律制度

可以肯定，纳税人的税务筹划是不违反税法的，但是不一定都符合政府的政策导向。税务筹划可以促使税务机关及早发现现行税收法律制度中存在的缺陷与漏洞，然后依法定程序进行更正、补充或修改，从而提高税务机关的征管水平，促进税法不断健全和完善。

（七）税务筹划有利于促进社会中介服务的发展

成功的税务筹划需要综合的专业知识，复杂的筹划方案更需要专业人才的系统设计，其实施具有诸多的不确定性。因此，大多数企业会有些力不从心。这就需要税务代理咨询机构提供税务筹划服务，从而也促进了注册会计师、税务师等中介服务的发展。

第二节　企业全生命周期税务筹划研究的内容

我国当今市场的竞争非常激烈，企业的生产经营成本与其竞争力具有反向关系，而税收支出作为企业必须要承担的一项经营成本，其大小与企业的生产经营成果有着直接的关系，因此进行税务筹划是企业提升竞争力的重要手段。根据生命周期理论，企业生命周期各阶段的特点各不相同，导致了在不同阶段，企业的发展战略也各不相同，由于企业的一切活动应当围绕其战略目标而展开，因此，不同的发展战略下，企业实行税务筹划的内容也各有差异。

一、企业生命周期理论

1972年美国哈佛大学教授拉芮·格雷纳（Larry E.Greiner）在《组织成长的演变和变革》一文中首次提出企业生命周期的概念。他把企业生命周期分为十个阶段（如图1-1所示），即孕育期、婴儿期、学步期、青春期、盛年期、稳定期、贵族期、官僚化早期、官僚期、死亡。伊查克·爱迪斯（Ichak Adizes）准确生动地概括了企业生命不同阶段的特征，并提出了相应的对策，指出了企业生命周期的基本规律，提示了企业生存过程中基本发展与制约的关系。

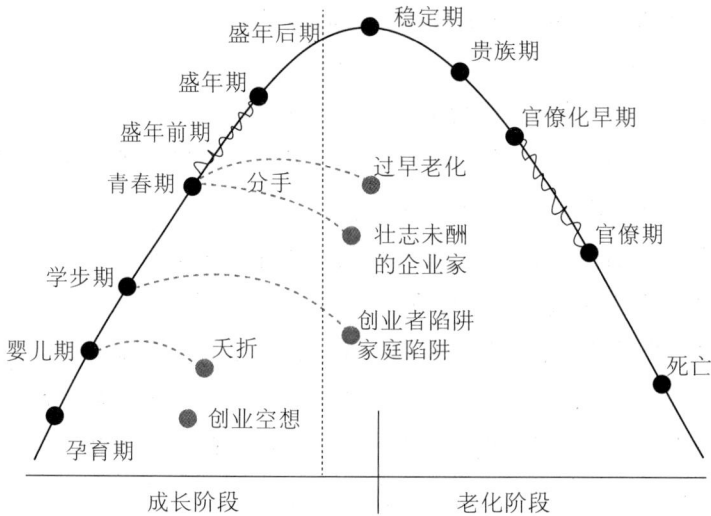

图1-1 拉芮·格雷纳企业生命周期理论示意图

邱吉尔（Churchill，1983）、奎因（Quinn，1983）和伊查克·爱迪斯（Ichak Adizes，1989，1999）等人，将考察企业的重点放在企业成长和发展过程中的各个阶段的特征等问题上，并从企业的核心技术周期、企业家周期等多个角度认知企业的生命周期。他们认为，企业的成长和发展是一个具有若干阶段的连续过程，企业在各个阶段通常经历一段相当平静的稳定进化成长期，而结束于不同形式的管理危机。企业的核心技术周期、企业家周期等对企业生命周期有重要影响。这些周期的存在和共同叠加产生了企业整体的生命周期。他们的核心思想是，企业在不同的发展阶段，会呈现出不同的形态特征和行为方式，这些特征和方式可以通过灵活性和可控性两个指标来体现。企业生命周期阶段的划分有多种不同的方法，其中影响最大的当属伊查克·爱迪斯的分法。伊查克·爱迪斯将企业生命周期分为三个阶段十个时段。三阶段分别为"成长阶段"、"再生与成熟阶段"和"老化阶段"。其中，成长阶段包括了孕育期、婴儿期和学步期三个时段；再生与成熟阶段包括了青春期、盛年期和稳定期三个时段；老化阶段则包括了贵族期、官僚化早期、官僚期和死亡四个时段。

陈佳贵（1998）根据企业的规模将企业的生命周期划分为孕育期、求生存期、高速成长期、成熟期、衰退期和蜕变期六个阶段。这不同于以往以衰退期为结束的企业生命周期研究，而是在企业衰退期后加入了蜕变期，这个关键阶段对企业可持续发展具有重要意义。

李业（2000）在此基础上又提出了企业生命周期的修正模型，他不同于陈佳贵将企业规模大小作为企业生命周期模型的变量，而将销售额作为变量，以销售额作为纵坐标，其原因在于销售额反映了企业的产品和服务在市场上实现的价值，销售额的增加也必须以企业生产经营规模的扩大和竞争力的增强为支持，它基本上能反映企业成长的状况。他指出企业生命的各阶段均应以企业生命过程中的不同状态来界定。因此他将企业生命周期依次分为孕育期、初生期、发展期、成熟期和衰退期。

各种企业生命周期理论的共同点是，把企业看作一个活的生命体，即理念、躯体、思想一应俱全的有生命的企业，从企业生存发展的角度，深入考察企业从初创、成长、成熟到衰退的整个过程，动态评价企业发展各个阶段的特征及策略，探讨企业生命演进过程中呈现的阶段性及成长与老化衰亡的关键因素和深层原因，揭示企业持续成长的规律，寻求企业长寿之道和修炼途径。认识企业生命周期的规律，是为了认识企业生命周期各阶段的特征和可能出现的问题，从而知道如何避免或尽量减少问题和解决问题，使创业企业健康发展。

目前，理论界对企业生命周期的划分存在多种形式，较为通用的形式是初创、成长、成熟和衰退四个阶段（如图1-2所示）。对企业生命周期理论的研究是为了找到处于不同生命周期的企业的特点，帮助企业制定与其所处生命周期阶段相协调的发展战略，使企业能够在各个生命周期恰当地利用该阶段的特点，保持其发展活力，进而延长企业的生命周期，实现企业的可持续发展。

二、税务筹划的产生与发展

（一）税务筹划的产生

天津财经大学的盖地教授认为："一部税收史，同时也是一部税收抗争史。"其实，纳税人的税收抗争活动就蕴含着税务筹划行为。只不过税收抗争是比税务筹划更为宽泛的一个概念，它还包含避税、逃税、抗税等丰富的内涵。

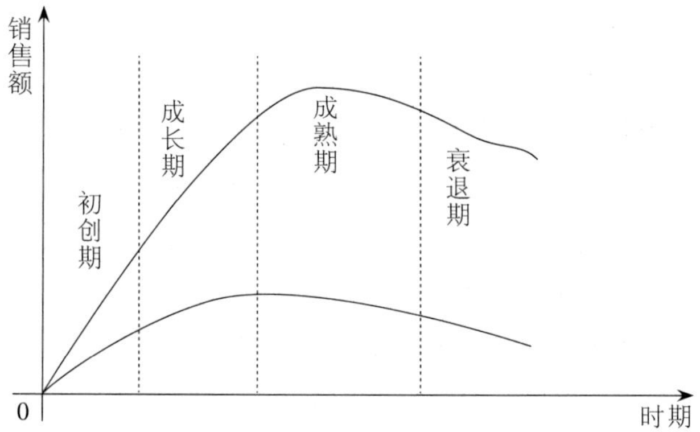

图1-2 企业生命周期的四个阶段

从已有文献记载探源税务筹划的产生，最早可以追溯到19世纪中叶的意大利，因为在那时，意大利的税务咨询业务中已存在税务筹划行为，意大利的税务专家地位不断提高，这可以看作税务筹划的最早萌芽。税务筹划的正式提出始于美国财务会计准则，美国财务会计准则委员会（FASB）在《SFAS109：所得税的会计处理》的"附录E：术语表"中首次提出"税务筹划战略（tax-planning strategy）"的概念，并将其表述为："一项满足某种标准，其执行会使一项纳税利益或营业亏损或税款移后扣减，在到期之前得以实现的举措。在评估是否需要递延所得税资产的估价准备及所需要的金额时，要考虑税务筹划策略。"以上表述较为准确地说明了税务筹划与税务会计的关系，尽管现代税务筹划的边界远远超出了SFAS109所定义的范围，但是税务筹划始终是税务会计的重要组成部分。

（二）税务筹划的发展

自20世纪中期以来，税务筹划为世界上越来越多的纳税人所青睐，同时也成为中介机构涉税业务新的增长点。普华永道、毕马威、安永、德勤国际四大会计师事务所纷纷进军税务筹划咨询业。据不完全统计，四大会计师事务所，来自税务咨询业务方面的收入额超过其总收入额的一半，其中税务筹划已成为税务咨询业的重要构成内容。

税务筹划在我国经过了数十年的发展，虽然在理论研究和实务操作上均取得了明显的成绩，但从目前的状况来看，我国税务筹划无论是理论还是实践都处于系统化的起步阶段，迄今为止还没有一套系统、严密的理论框架和比较规范的操作技术，在税务筹划发展过程中还存在以下主要问题：

第一，有关税务筹划的概念和认识混乱。

目前我国有关税务筹划的概念尚没有权威统一的认识，尤其是关于避税究竟是不是税务筹划更是学者争论的焦点，由此造成社会各界在具体实践中对税务筹划的态度也大不相同。在当前条件下，相当一部分人认为税务筹划就是偷逃税款，而没有仔细区分税务筹划与偷逃税款之间的差别，因而反对税务筹划，认为鼓励税务筹划会导致纳税人竞相偷逃税款，不但助长偷逃税的歪风，而且容易在纳税人和税收征管机关之间造成摩擦，减少国家税收。还有人担心纳税人会曲解国家立法意图，滥用税收优惠条款，削弱税收杠杆的宏观调控力度。

第二，偏重税务机关权力而忽视纳税人权利。

在我国，传统的税务机关和纳税人的关系是管理与被管理、监督与被监督的关系，强调税务机关代表国家对纳税人进行监督管理，要求纳税人服从、被支配和履行义务，纳税人通常被当作税务机关的"被管理者"来对待。由此带来的问题主要表现在：一是过分强调纳税人的义务，忽视纳税人的权利；二是税务执法不严，随意性大，人治重于法治，越权和滥用权力，由此造成税负不公。

第三，税务筹划人员整体素质不高。

由于我国企业对税务筹划的认识尚不全面，以及税务筹划的收费标准不统一等，目前在我国企业中税务筹划大部分是由企业内部的财税工作人员来完成的。由于税务筹划是一项专业性强、涉及面广、要求相对较高的工作，内部财税人员受自身知识的局限性以及自身利益相关性的影响，在进行税务筹划时很可能思虑不周或心存侥幸，违背税务筹划的原则，导致税务筹划方案缺乏可行性或面临诸多风险，难以发挥税务筹划的效应。目前，我国很多企业只是根据本企业的实际情况在企业的经营过程中套用一些税收优惠政策或税务筹划方法，不能从战略高度和全局角度，对企业的初创期、成长期、成熟期及衰退期等税收问题作长远的筹划。绝大多数企业停留在较低层次企业个案筹划的层面上。

第四，税务筹划工作缺乏监督。

税务筹划工作涉及政府、税务机关、纳税人和税务师事务所。其结果直接关系到各方的切身利益。然而我国至今还没有专门就税务筹划的政府管理、行业服务、企业规范等方面出台指导性的法律、法规，使税务筹划无章可循，缺乏可操作性，并导致了工作无序、筹划风险大、税务筹划收费混乱、缺少对税务筹划处罚的依据、业内人士的税务筹划理念和职业道德水准低等问题。

三、税务筹划与企业生命周期的内在联系

为了延长企业的生命周期，企业的发展战略应当与企业所处生命周期阶段的特点相协调，因此企业的发展战略应当根据其所处生命周期的特征来量身定制，不同生命周期阶段的特点不同，决定了企业在生命周期各阶段的发展策略不同。企业的一切活动应当围绕其战略目标而展开，这样才能使企业更快更好地达到其战略目标，所以不同的战略目标导致了企业税务筹划活动的目标、措施和实施途径的不同。也就是说，企业所处生命周期的阶段影响了其发展战略的制定，进而影响了企业税务筹划的目标、措施和实施途径。

四、企业生命周期各阶段的税务筹划分析

企业的整个生命周期可以大致划分为四个阶段，包括初创期、成长期、成熟期和衰退期。我们可以把企业生命周期各阶段的税务筹划分为初创期的税务筹划、成长期的税务筹划、成熟期的税务筹划、衰退期的税务筹划。

（一）初创期的税务筹划

初创期，是企业的筹备阶段。处于初创期的企业，其产品多处于试验阶段，如果与波士顿矩阵对比的话，其产品应视为问题产品。此阶段的产品一般设计新颖，面临的竞争对手较少，但产品的质量和可靠性均有待提高，尤其需要加大宣传，提高顾客对产品的认可度和信赖度。此时企业需要判断该产品是否具备发展潜力，如果有潜力则需加大资本投入，以增加其市场份额，否则就应将其淘汰。从企业的战略层面来讲，

除了需要投资以扩大有潜力产品的市场份额以外，企业还需要考虑加强研发，使企业得以生存和发展。

企业初创期，只有少数几个志同道合的创始人在考虑要进入什么样的行业。知道税务筹划方面知识的初创期创始人通常很少，他们一般是通过分析国家的税收优惠政策推断出哪些行业是税负低而且政府鼓励发展的，创始人一般选择政府鼓励并且税负较低的行业，这些行业和公司的性质就决定了以后的纳税人主体、征税对象和税率。此外，企业初创期的创始人可以选择的纳税身份有法人纳税人、非法人纳税人，非法人纳税人包括个人独资企业、个体工商户和个人合伙企业，如果只有单项的收益而不进行生产经营，也可选择非居民企业的身份。不同的行业以及不同性质的纳税主体的税负是有差别的，这就需要创业团队进行对比分析并进行合理选择。同时，不同地区企业的税负也有可能不同，初创期创始人还可以选择将企业设置在税负较轻的地区，来降低企业的税收负担。初创期一般来说资本较少，筹资比较困难，现金流入量不大，此时的企业通常会选择资本成本率低的筹资方案来增加企业的市场竞争力。这个阶段，由于企业所拥有的资金量有限，税务筹划所带来的节税收益对企业来说是很重要的，此时的企业通常选择税后收益高的投资项目。初创期，企业一般会选择能够使投资收益最大化的投资策略。本书将从企业类型、人员结构、筹资业务和投资业务四个方面研究初创期的税务筹划。

（二）成长期的税务筹划

从初创期成功步入成长期预示着企业的投资项目和经营策略被市场和顾客认可和接受，企业的收入趋势是上升的，利润率水平日益提高，企业的发展前途被看好。与初创期相比，这个时期产品的质量有所提升，市场口碑逐渐形成，客户日趋稳定，所以经营风险有所降低。此时企业的战略重点是扩大生产经营规模、提高市场占有率。

成长期，企业已经具有一定的市场规模，通常会采取降低成本的经营策略，从而对竞争对手产生威胁，企业开始进行采购环节和生产环节的税务筹划。为了提高其市场占有率，企业开始采取促销手段吸引客户并进行销售环节的税务筹划。为了降低税负，企业开始调整流程并进行流程再造的税务筹划。为了和股东保持合作共赢的状态，企业开始考虑降低股东税负从而进行股利分配的税务筹划。为了提高员工的凝聚力，企业开始考虑降低员工税负从而进行员工个人所得税的税务筹划。本书将从采购环节、生产环节、销售环节、业务流程再造、股利分配和个人综合所得六个方面研究成长期的税务筹划。

（三）成熟期的税务筹划

从成长期成功步入成熟期预示着企业已经处于平稳运行的状态，扩张速度放缓，市场占有率也处在一个较为稳定的区间。这个时期的企业由于已经具备了规模优势，企业可能会采取合并和分立战略谋求稳定和发展。这个阶段的税务筹划涉及的是企业处置大宗资产和业务的活动，涉及的资产金额大、税务风险高，此时税务筹划活动的目标是积极防范企业合并和分立过程中的税务风险、降低企业合并和分立过程中的税负。企业在分立和合并时，所需进行的税务筹划比较复杂，难度较大，需要事先进行周密的策划。本书将从企业分立和企业合并两个方面研究成熟期的税务筹划。

（四）衰退期的税务筹划

当企业进入衰退期时，企业的管理者一般会主动采取一些措施来扭转企业衰退的趋势。这样一来，企业可能会转危为安。同时，企业可能会采取收缩战略，把一些亏损的业务剥离出去，留下优质资产，增强企业在优势业务上的竞争力。这个时期税务筹划活动的目标是积极防范企业重组和破产过程中的税务风险、降低企业的税负，提高资产处置效益。本书将从企业重组和企业破产两个方面研究衰退期的税务筹划。

根据企业生命周期的不同阶段的特点，企业在进行税务筹划时应当首先判断企业所处的生命周期阶段并明确其发展策略，这样才能更好地选择税务筹划方案，使税务筹划所带来的整体效益最大化。

第三节 税务筹划研究的方法

一、纳税人筹划法

纳税人亦称纳税义务人，是指税法中规定的直接负有纳税义务的单位或个人，有时也称为纳税主体。纳税人是税制的一个基本要素。纳税人可以是法人也可以是自然人。每一种税都有关于纳税人的规定，如果纳税人不履行纳税义务，就需要承担法律责任。纳税人税务筹划，实质上是进行纳税人身份的合理界定与转化，使纳税人的税收负担尽量减少或降低到最小限度，或者直接避免成为某些税种的纳税人。纳税人筹划法可以合理降低税收负担，并且方法简单，易于操作。

二、税基税务筹划法

税基就是计税依据，是计算税款的基本依据，不同税种的税基确认方法不同。税基税务筹划法是指纳税人通过控制计税依据的方式来减轻税负的一种筹划方法。大部分税种都依据税基采用比例税率计算应纳税额。从一般税收计算上看，应纳税额＝税基×税率。在税率一定的情况下，纳税人的应纳税额与税基呈正相关：税基越大应纳税额就越多，税基越小应纳税额就越少。税基税务筹划法具体包括两种方法：

第一，分解税基，即把税基进行合理拆分，实现税基从税负较重的形式转化为税负较轻的形式。

第二，税基最小化，即税基总量降低，从而减少应纳税额或者避免多缴纳税款。

三、税率税务筹划法

税率，是对征税对象的征收比例或征收额度。税率是计算税额的尺度，也是衡量税负轻重的重要标志。税率税务筹划法是指纳税人通过降低适用税率的方式来减轻税收负担的一种筹划方法。税率税务筹划的思路是：从一般税收计算上看，应纳税额＝税基×税率。纳税人的应纳税额与税率呈正相关：税率越高应纳税额就越多，税率越低应纳税额就越少。因此，要减轻税负，要从税率方面出发，降低税率从而降低税负。一般来说，为体现税收中性原则，现代税制设计时，会尽量减少税率档次，尤以增值税和企业所得税为典型。欧洲国家的增值税一般规定一个基本税率，再加一个低税率或称优惠税率，而企业所得税通常采用单一税率。所以在税率选择方面空间相对较小，但我国一般纳税人增值税的税率有13%、9%、6%和0四档，居民企业企业所得税税率有法定税率25%和优惠税率20%、15%、10%。因为增值税和企业所得税税率有多个档次，所以还有较大的筹划空间。

四、税收优惠筹划的技术

税收优惠，是指国家运用税收法规在税收法律、行政法规中规定对某一部分特定企业和课税对象给予减轻或免除税收负担的一种措施。

（一）税收优惠的形式

税收优惠主要表现为以下形式：

1.减税，即依据税法规定减除纳税义务人一部分应纳税额。它是对某些纳税人进行扶持或照顾，以减轻其税收负担的一种特殊规定。减税一般分为法定减税、特定减税和临时减税三种方式。例如车船税规定，拖船和非机动驳船的车船税按应纳税额减半征收，就属于法定减税。

2.免税，即对某些特殊纳税人免征某种（或某几种）税收的全部税款。一般免税分为法定免税、特定免税和临时免税三种方式。例如车船税规定，新能源汽车免征车船税，就属于法定免税。

3.延期纳税。其是对纳税人应纳税额的部分或全部的缴纳期限适当延长的一种特殊规定。例如《税收征收管理法》规定，纳税人因有特殊困难不能按期缴纳税款的，经省、自治区、直辖市税务机关批准可以延期缴纳税款，但是最长不得超过3个月，就属于延期纳税。

4.免征额。免征额亦称"免税点"，其是税法规定的课税对象中免予征税的数额。无论课税对象的数额大小，免征额的部分都不征税，仅就其余部分征税。例如个人所得税中对财产租赁收入规定，每次收入不满4 000元的，减除费用800元；4 000元以上的，减除20%的费用，然后就其余额按比例税率20%征税。这里规定的减除费用额800元，就属于免征额。

5.起征点，即对征税对象开始征税的起点规定一定的数额。征税对象达到起征点的征税，未达到起征点的不征税。税法对某些税种规定了起征点。确定起征点，主要是为了照顾经营规模小、收入少的纳税人采取的税收优惠。例如按月缴纳增值税的起征点为月应税销售额100 000元。

6.退税。退税是指因某种原因或特殊情况，税务机关将已征税款按规定的程序和手续退还给原纳税人的一项税收业务。为了扩大出口贸易，增强出口货物在国际市场上的竞争力，按国际惯例对企业已经出口的产品退还在出口前各环节缴纳的国内流转税税款（主要是增值税和消费税）。

7.优惠税率。优惠税率是指对特定的纳税人或纳税项目采用低于一般税率的税率征税。例如国家需要重点扶持的高新技术企业，减按15%的税率征收企业所得税，就属于优惠税率。优惠税率有利于吸引外部投资、加快产业发展。

8.税收抵免。税收抵免是指准许纳税人将其某些合乎规定的特殊支出，按规定比例或全部从其应纳税额中扣除，以减轻其税负。例如，企业所得税规定企业购置并实际使用《环境保护专用设备企业所得税优惠目录》、《节能节水专用设备企业所得税优惠目录》和《安全生产专用设备企业所得税优惠目录》规定的环境保护、节能节水、安全生产等专用设备的，该专用设备的投资额的10%可以从企业当年的应纳税额中抵免；当年不足抵免的，可以在以后5个纳税年度结转抵免，就属于税收抵免。

（二）税收优惠筹划法

税收优惠是税制设计中的一个要素，也是贯彻一定时期一国或地区税收法规的重要手段。国家为了实现税收调节功能，一般在设计税种时，都设有税收优惠条款，企业如果充分利用税收优惠条款，就可享受节税效益。因此，用好、用足税收优惠政策本身就是税务筹划的过程。选择税收优惠政策作为税务筹划突破口时，应注意两个问题：一是纳税人不得曲解税收优惠条款，滥用税收优惠，以欺骗手段骗取税收优惠；二是纳税人应充分了解税收优惠条款，并按规定程序进行申请，避免因程序不当而失去应有权益。

五、税收递延筹划法

税收递延筹划法，是指在合法、合理的情况下，使纳税人延期缴纳税收而节税的税务筹划方法。这种方法虽然没有减少税费、降低成本，但是可以让货币产生时间价值，从另一个角度来说，为企业创造了收益。如推迟交货时间的筹划、推迟结算方式的筹划、推迟销售收入的筹划等。

六、税负转嫁筹划法

税负转嫁筹划法的操作平台是价格，其基本原理是利用价格浮动、价格分解来转移或规避税负。税负转嫁筹划法能否通过价格浮动实现，关键取决于商品的供给弹性与需求弹性的大小；税负转嫁筹划法利用价格分解手法操作，不拘一格，更加灵活多变。税负转嫁意味着税收的最终负担者不是纳税人本身，而是背后有替代者，纳税人没有承担全部纳税义务。这并不损害国家利益，只是纳税主体重新分配而已，即这种做法并不违法。

七、业务流程筹划法

业务流程筹划法是对企业的业务流程进行根本性的再思考和彻底性的再设计，从而使企业在成本、质量、服务和速度等方面获得戏剧性的改善。业务流程筹划是一场革命，意味着企业一切从零开始，一切从头开始。纳税产生于业务活动，不同的业务流程决定着纳税的性质和数量。进行税务筹划，必须站在纳税人的角度，掌握纳税人的涉税事项和涉税环节，将业务流程与现行的税收法规相结合，将税收法规与其相应的税务筹划方案相结合，将恰当的税务筹划方案与适应的会计处理技巧相结合。必要时，应通过流程筹划改变税收，运用创造性思维设计税务筹划方案。

八、临界点筹划法

税法中存在大量的关于临界点的规定，当突破这些临界点时，该税种所适用的税率和优惠就会发生改变，从而给纳税人提供了税务筹划的空间。临界点筹划法的关键在于寻找临界点，来控制税负。

一般而言，临界点的变化会引起税负的巨大差别，即临界点的边际税率出现陡增或陡减的变化态势，筹划的聚焦点在于临界点。在我国现行税制中，税基存在临界点，税率分级有临界点，优惠政策分等级也有临界点。所以临界点筹划法应用非常广泛。

九、税负平衡点筹划法

（一）税负平衡点筹划法的概念

税负平衡点筹划法，是一种根据两种纳税方案的税负平衡点寻找最佳纳税方案的方法。税负平衡点筹划法的基本步骤包括：

第一步，设置衡量税负平衡点的变量 X；

第二步，设置两套纳税方案；

第三步，建立模型，令两套纳税方案的税负相等；

第四步，解出变量 X；

第五步，依据实际值与 X 值的比较，判定两种纳税方案的优劣。

（二）税负平衡点筹划法的应用

下面通过建立卷烟消费税平衡点模型，说明税负平衡点筹划法的应用。

1.税收法规

消费税法规定，卷烟应当在生产和批发两个环节征收消费税，卷烟批发企业在计算纳税时不得扣除生产环节已经缴纳的消费税税款。

"卷烟"分为"甲类卷烟"和"乙类卷烟"。其中，甲类卷烟是指每标准条（200 支，下同）不含增值税调拨价格在 70 元以上（含 70 元）的卷烟；乙类卷烟是指每标准条不含增值税调拨价格在 70 元以下的卷烟。也就是说，甲类卷烟是指每标准箱（250 条，下同）不含增值税调拨价格在 17 500 元（70×250）以上（含 17 500 元）的卷烟；乙类卷烟是指每标准箱不含增值税调拨价格在 17 500 元以下的卷烟。卷烟消费税税率表见表1–1。

表1-1   **卷烟消费税税率表（1）**

卷烟		税率
生产环节	甲类卷烟（每标准条价格≥70元）	56%加0.003元/支
	乙类卷烟（每标准条价格＜70元）	36%加0.003元/支
批发环节		11%加0.005元/支

1标准条卷烟有200支卷烟，1标准箱卷烟有250条卷烟，1标准箱卷烟有50 000支（200×250）卷烟。卷烟消费税税率表可以换算为表1-2。

表1-2   **卷烟消费税税率表（2）**

卷烟		税率
生产环节	甲类卷烟（每标准箱价格≥17 500元）	56%加150元/箱
	乙类卷烟（每标准箱价格＜17 500元）	36%加150元/箱
批发环节		11%加250元/箱

2.建立模型

筹划案例1-1

新兴卷烟生产企业生产好的卷烟有两种销售方案：方案一，不设立批发企业直接对外销售卷烟，卷烟不含税销售价格为40 000元/箱；方案二，设立光明卷烟批发企业，新兴卷烟生产企业卖给光明卷烟批发企业不含税销售价格为32 000元/箱，光明卷烟批发企业对外销售卷烟，卷烟的不含税销售价格为40 000元/箱。请对新兴卷烟生产企业销售卷烟进行税务筹划。

【筹划策略】

（一）建立模型

新兴卷烟生产企业可以通过建立卷烟消费税平衡点模型，计算转让给光明卷烟批发企业价格降低到一定程度，设立批发企业消费税整体税负与不设立批发企业消费税税负相等。

第一步，假设 R 为新兴卷烟生产企业转让给光明卷烟批发企业的折扣率，T 为应缴纳的消费税。

第二步，分情况计算每箱卷烟应缴纳的消费税。

①不设立批发企业。

新兴卷烟生产企业每箱卷烟应缴纳的消费税 $T_1=40\ 000×56\%+150=22\ 550$（元）

②设立批发企业。

新兴卷烟生产企业和光明卷烟批发企业每箱卷烟共缴纳的消费税 $T_2=40\ 000×R×56\%+150+40\ 000×11\%+250=22\ 400·R+4\ 800$

令 $T_1=T_2$

$22\ 550=22\ 400·R+4\ 800$

计算出平衡点 $R=79.24\%$

（二）模型结论

1.当新兴卷烟生产企业转让给光明卷烟批发企业的折扣率为 79.24% 时（即 R=79.24%），新兴卷烟生产企业设立批发企业与不设立批发企业应缴纳的消费税相等，新兴卷烟生产企业既可以设立批发企业也可以不设立批发企业。

2.当新兴卷烟生产企业转让给光明卷烟批发企业的折扣率大于 79.24% 时（即 R＞79.24%），新兴卷烟生产企业设立批发企业整体消费税税负大于不设立批发企业消费税税负，新兴卷烟生产企业不应当设立批发企业。

3.当新兴卷烟生产企业转让给光明卷烟批发企业的折扣率小于 79.24% 时（即 R＜79.24%），新兴卷烟生产企业设立批发企业整体消费税税负小于不设立批发企业消费税税负，新兴卷烟生产企业应当设立批发企业。

（三）利用卷烟消费税平衡点模型筹划结论

$R=32\ 000÷40\ 000×100\%=80\%＞79.24\%$，新兴卷烟生产企业不设立批发企业整体消费税税负最低。

（四）验算

方案一：新兴卷烟生产企业直接以 40 000 元/箱对外销售卷烟。

40 000元/箱 > 17 500元/箱，所销售的卷烟为甲类卷烟。

新兴卷烟生产企业每箱卷烟应缴纳的消费税=40 000×56%+150=22 550（元）

方案二：新兴卷烟生产企业设立光明卷烟批发企业。

新兴卷烟生产企业每箱卷烟应缴纳的消费税=32 000×56%+150=18 070（元）

光明卷烟批发企业每箱卷烟应缴纳的消费税=40 000×11%+250=4 650（元）

新兴卷烟生产企业和光明卷烟批发
企业每箱卷烟共缴纳的消费税 =18 070+4 650=22 720（元）

通过验算，新兴卷烟生产企业选择不设立光明卷烟批发企业，少缴纳消费税170元/箱（22 720-22 550），选择方案一不设立光明卷烟批发企业对新兴卷烟生产企业有利。这与利用卷烟消费税平衡点模型得出的筹划结论一致。

筹划案例1-2

新兴卷烟生产企业生产好的卷烟有两种销售方案：方案一，不设立批发企业直接对外销售卷烟，卷烟不含税销售价格为40 000元/箱；方案二，设立光明卷烟批发企业，新兴卷烟生产企业卖给光明卷烟批发企业不含税销售价格为31 000元/箱，光明卷烟批发企业对外销售卷烟，卷烟的不含税销售价格为40 000元/箱。请对新兴卷烟生产企业销售卷烟进行税务筹划。

【筹划策略】

（一）利用卷烟消费税平衡点模型筹划结论

R=31 000÷40 000=77.50% < 79.24%，新兴卷烟生产企业设立批发企业整体消费税税负最低。

（二）验算

方案一：新兴卷烟生产企业直接以40 000元/箱对外销售卷烟。

40 000元/箱 > 17 500元/箱，所销售的卷烟为甲类卷烟。

新兴卷烟生产企业每箱卷烟应缴纳的消费税=40 000×56%+150=22 550（元）

方案二：新兴卷烟生产企业设立光明卷烟批发企业。

新兴卷烟生产企业每箱卷烟应缴纳的消费税=31 000×56%+150=17 510（元）

光明卷烟批发企业每箱卷烟应缴纳的消费税=40 000×11%+250=4 650（元）

新兴卷烟生产企业和光明卷烟批发
企业每箱卷烟共缴纳的消费税 =17 510+4 650=22 160（元）

通过验算，新兴卷烟生产企业选择设立光明卷烟批发企业，少缴纳消费税 390 元/箱（22 550-22 160），选择方案二设立光明卷烟批发企业对新兴卷烟生产企业有利，与利用卷烟消费税平衡点模型得出的筹划结论一致。

第二章 税务筹划综述

第一节 税务筹划的国内外研究述评

西方发达国家是税务筹划的发源地。税务筹划是指在合法的前提下，纳税人遵守税法规定，从多个供选择的纳税方案中进行科学、合理的选择，通过合理规划或者设计纳税人的经营、交易以及财务事项，从而减轻企业自身税负的行为。

一、国外研究综述

税务筹划的研究起源于西方，西方的一些国家首先对税务筹划进行了深入的研究，同时，国外征收机构和纳税人也对税务筹划高度重视，所以他们率先取得了很多理论研究成果。

（一）关于税务筹划的定义

原始意义上的税务筹划，产生在西方经济发达国家。在19世纪中期，意大利出现了所谓的税务咨询业务，就是用税务筹划为企业和个人提供税务方面的咨询业务。税务筹划最早在法律上被认可是在1935年，从英国"税务局长诉温斯特大公"案件开始被社会各界所关注。

1959年，欧洲建立了一个"欧洲税务联合会"，分布于欧洲20多个国家，由许多税务方面的专业人士组成。该联合会的成立也标志着欧洲税务筹划的开始。

《会计学》（1984）美国学者W.B.梅格斯博士认为：在美国联邦，因为所得税的复杂多样，大多数公司为了少缴税费，研究税法对各公司经营的影响，聘请了具有税务专业知识的专家，为企业提供税务筹划服务。另外，还有一些组织所提供的服务中税务筹划占了很大比例，如律师事务所、审计师事务所、会计师事务所。

关于跨国公司的税务筹划方面的书：伍德赫德·费尔勒国际出版公司1989年出版的《跨国公司的税务筹划》主要整理了关于跨国公司的国际避税；斯科尔斯和沃尔夫森（1988）合著的《税收与企业战略》一书，将美国税收制度与企业战略决策相结合，主要写的是公司国际扩张、投资战略、税收套利、雇员股票期权等内容。

Meigs（1984）认为，税务筹划是企业在生产经营过程中精心安排的一系列经济活动。它是在纳税义务发生之前减少税收负担的行为。

荷兰国际金融局（1992）对税务筹划的理解是，纳税人为了减少经营成本、降低税负、实现最大化的收益，对经营活动及其相关事项进行统筹规划、合理调整。

N.J.亚萨斯威（1994）则表示，所谓税务筹划，就是以企业为主体，在法律允许的范围内，通过一系列财务规划活动，减少企业税负的行为，以便能够获得最大利益。

Aim（2012）等一系列经济学者围绕地下经济活动展开了系统、深入的研究，并集中关注偷逃税款行为，而这些学者提出的研究结论，促使税务筹划从理论研究逐步向行为研究转型。

综合以上国外学者对税务筹划理论的分析，关于企业流转税、所得税进行税务筹划方面的研究较少。但是西方经济经历了几十年的发展，税务筹划研究起步较早，积累了很多经验，形成了一系列丰富的理论知识体系，值得我国各行各业开展税务筹划借鉴。

（二）关于税务筹划的合法性

S.Janes 和 C.Brows（1990）认为，从会计的角度来看，避税是合法的，"税务筹划"或"减轻税负"就是避税；Vinyasa Swaziland（1987）认为，税务筹划是企业经营活动的重新规划，它必须在合理合法的前提下进行，其是为了获得最大的税收优惠。印度税务学者 N.J.亚萨斯威（1987）在《个人投资和税务筹划》中提出，税务筹划是纳税人对自己的金融活动进行合理、合法的安排。纳税人充分利用各种税收优惠政策（包括减免税在内），获得更多税收收益。

二、国内研究综述

由于中国曾长期实行计划经济体制，企业缺乏在市场经济环境下追求自身利益最大化的动力，而且人们对税务筹划的内涵和认知还处于懵懂状态，国民纳税思想意识淡薄，征纳体制的构建尚不健全，从而导致在西方对税务筹划研究已经达到一定的成熟阶段时，中国的税务筹划仍是空白。近十几年来，随着经济体制的转变和改革开放的进一步深入，税务筹划这一概念引起了学术界的重视，并逐渐进入了广大群众的视野。中国的税务筹划研究至今为止仅仅进行了十多年的时间，但是也取得了比较大的进展。一系列研究学者和专家从不同角度对税务筹划进行了解释和研究。

（一）关于税务筹划的概念研究

税务筹划是指通过规划税务相关业务和制定完整的税收运营计划以达到节省税收的目的。

唐腾翔和唐向（1994）认为，税务筹划是在税收法律法规允许的范围内，通过事先的规划和决策，企业经营者进行一系列的商业活动，从而实现减税的目的。

《公司避税节税转嫁筹划》一书中，主编张中秀认为：税务筹划是通过非违法的避税、合法的节税以及税负转嫁方法达到减少税收负担的目的。

在《税务筹划与财务管理相关性分析》中，宋献中提出：通过对企业所得税优化选择多种筹划方案，从而实现企业利益最大化。

盖地（2003）指出了税务筹划是纳税人的权利，这一观点得到了国内专家学者们的支持，与此同时，这个观点也扩大了研究领域。他认为，税务筹划的前提是尊重税法并且不违法。税务筹划的目的是减轻企业的税负。

邢俊霞（2013）认为，税务筹划从某种程度上讲是一种博弈，是纳税人对自身经营活动的可控变动性和相关税法制定带来的时效滞后之间的博弈。

李石（2015）表示税务筹划具有双面性，从正面的角度来说，其能够在很大程度上降低企业税负，减少企业支出；从负面的角度来说，一旦税务筹划不合理、不规范，便很容易引发经营风险，或让企业陷入违法违规的困境。因此其指出，企业在合理开展税务筹划工作的同时，也有必要落实风险防范措施。

阎志娜（2017）指出，税务筹划是在遵守法律、法规的前提下，为实现少缴税款或是延期纳税，对纳税的经营活动或投资活动等涉税事项进行的事先安排。

（二）关于税务筹划的方式研究

税务筹划是结合企业的实际情况、以现行的相关税法作为政策依据进行的。马步峰（2010）认为企业应该以国家颁布的政策法规为依据，结合企业自身业务的发展状况，适时调整从而享受相关优惠政策以达到税务筹划的目的。牛欣会（2012）提出，可以通过对税务会计的培养、增设专门的税收法规研究部门以及提高管理层的税务筹划意识等方式来进行税务筹划。

（三）关于税务筹划的风险研究

大多数学者普遍认为税务筹划过程中存在一定的风险。王晓灿（2004）认为，税务筹划将产生法律陷阱、成本陷阱和财务决策陷阱；

陈晓峰（2009）阐述了在税收管理、选择税收优惠政策、企业缴纳各个税种的筹划中可能产生的税务筹划法律风险，并且提出了如何规避和控制法律风险的相应建议和对策；盖地、钱桂萍的联合著作《试论税务筹划的非税成本及其规避》中提出，企业在税务筹划的过程中会产生显性成本和隐性成本，显性成本如时间成本、组织协调成本、操作成本和违规成本等，隐性成本如失败成本和机会成本等，这就会导致成本效益的风险并且可能导致税收计划成本高于收入。

我国对税务筹划的研究起步较晚，20世纪90年代以前，我国以计划经济为主导，国家统筹分配资源、定价以及控制市场，因此在当时并不存在税务筹划。后来，随着经济体制的改革，我国逐步迈向了市场经济阶段，专家学者们对税务筹划的研究迅速发展并迅速增长。与此同时，国家不断对税收法规作出调整，由此也促进了我国税务筹划研究的发展。虽然在具体研究过程中，不少学者借鉴与参考了西方研究理论，但是也结合了我国基本国情，特别是"营改增"以后，我国税收取得了跨时代的突破，这为专家学者提供了新的研究视角。

三、综述评价

现在社会各界对税务筹划普遍认同，尽管税务筹划活动在我国起步较晚，但是越来越多的专家、学者对税务筹划实务进行研究，相关文献也很多。但是多以某个企业的税务筹划案例分析为主，在税务筹划理论方面的研究还比较少。比如，缺少与实际经营相结合的税务筹划模型设计。本书创新性地提出建立税务筹划模型，不但拓宽了税务筹划分析范围，而且具有很强的可操作性。

就国外的研究现状来看，刚开始对税务筹划活动认识不足，后来逐渐地形成了一个比较完善的理论体系，并具有可操作性。尽管国外税务筹划活动理论成熟、经验丰富，但是税务筹划具有特殊性，我们不能照搬照抄，应该依据本国的法律、法规和会计政策，借鉴国外经验，根据我国税法特点，以及行业现状具体情况具体分析。

第二节　税务筹划的相关理论综述

一、税务筹划的概念

税务筹划的理论研究经历了漫长的发展期，然而结合学术界现有的观点，在关于税务筹划的定义方面，各位学者各持己见，仍未达成共识。

与税务筹划相近的词为"税收筹划"，其研究主体为税务机关，即征税者；而税务筹划的研究主体为纳税人，即缴纳税费者。

目前，纵观现有的理论成果，国内外关于税务筹划概念较为权威的观点为：在法律法规允许的范围内，对纳税行为进行统筹规划、优化选择，从而实现纳税支出最小化、收益最大化。我国学者宋献中对税务筹划的解释为：以满足企业利益最大化，保障纳税人合法权益为根本目标，在特定的税收环境下，遵循合法的原则，对多种纳税方案所作出的优化选择。事实上，可以从以下三个方面理解与把握税务筹划的内涵与意义：

首先，从根本目标来看，税务筹划主要是为了降低企业的纳税成本，减轻企业税负，规避纳税风险。企业作为营利性组织，是为实现利益最大化而存在的。因此，企业需要采取一切合理合法的手段减少税费、延期纳税或规避纳税风险，以此来获得相应的经济利益。

其次，从内容上看，税务筹划主要是围绕纳税人的涉税行为。从企业诞生之初到最终废业清算，税务筹划都贯穿其中。也就是说，纳税人在企业运营的整个过程中，都需要进行税务筹划。而且税务筹划涉及企业融资、投资、经营、分配等多个环节，是一个综合性工程。

最后，从条件上看，税务筹划必须要以不违反法律法规以及相关政策为前提，必须要以保障纳税人合法权益为根本。换句话而言，税务筹划是纳税人在法律允许的范围内，基于科学合理的原则，有序地规划纳税事项，从而实现纳税成本最小化、企业利益最大化的目标。值得强调的是，税务筹划并不是鼓励企业逃税避税，而是以合法性为前提。

从上述观点来看，虽然税务筹划没有一个统一的概念，但学术界、实务界存在一些共识，税务筹划是在法律许可的范围内合理降低税收负担和税务风险的一种经济行为。本书认为税务筹划是纳税人在税法允许的范围内，在纳税行为发生之前，通过对纳税主体的初创期、成长期、成熟期和衰退期的涉税行为作出事先安排，以规避税务风险、递延纳税和减轻税负为手段，实现税后利益最大化目标的一系列税务规划活动。

二、税务筹划的特点

由税务筹划的定义，可知税务筹划的特点如下：

（一）合法性

合法性首先是一定要符合税法的有关规定，其次是要符合政府对税收法规提出的要求。

（二）预先性

预先性是指在纳税人从事经营活动之前，把税收作为一个重要因素来考虑。换句话说，公司对经营和投资活动要做到事先安排，有一个计划，而不是等企业的各项生产经营活动完成后，在税务部门检查出现问题让企业补缴税款时，再想办法进行筹划。

（三）目的性

税务筹划的目的是在减轻企业的税负的同时，追求自身利益的最大化。

（四）专业性

税务筹划是一门综合性学科，它融合了会计、税法、财务管理和企业管理等各个方面的知识，故其具有一定的专业性。

三、税务筹划的基本原则

（一）合法性原则

合法性原则是税务筹划最根本的原则，也是所有纳税人必须要遵循的原则，要求纳税人制定的税务筹划方案合法合规，要求方案实施过程符合法律相关规定，要求税务筹划应用合法等。也就是说，一切与税务筹划有关的行为都必须在法律允许的范围内，都必须遵循合法性原则。

（二）经济性原则

税务筹划也会存在成本支出，主要包含以下两类：一是筹划成本，即税务筹划方案在制定过程中，需要耗费一定的人力、物力，而这些都奠定在资金的基础之上；二是方案实施成本，在具体实践中，企业也会付出一定的成本，比如增设分公司、借款等。企业之所以开展税务筹划工作，主要是为了减少运营成本，追求利益最大化。这意味着税务筹划也需要遵循经济性原则，要保证节约的税额大于筹划成本。

（三）综合性原则

税务筹划贯穿企业整个运营活动，涉及企业的各个阶段。因此企业在制定税务筹划方案时应当遵循综合性原则，要考虑各个环节，而并非某一税种或环节的税额，同时还要围绕企业长期发展战略，保证税务筹划方案的可行性。

四、税务筹划的目标

税务筹划的目标是后续所有工作的前提，对搜集税务筹划的依据、确定筹划的方法、制定筹划方案等都具有重要意义，具体可分为以下两大类：

其一，一般目标，即税务筹划的总体目标，要求做到不纳税、少纳税、延迟纳税、规避与降低纳税风险。

其二，具体目标，即不同税务筹划对象所需要达成的分目标。税种不同，所以税务筹划的具体目标也存在一定的差异。另外，税务筹划对象不同，所需要达成的目标也各有不同。比如，如果筹划对象为计税依据，那么所需要完成的任务是降低计税依据总量；而如果是税率，那么目标则为降低税率等。

五、税务筹划与逃避缴纳税款、避税的区别

税务筹划是指在遵循税收法律法规的前提下，当存在两个或两个以上纳税方案时，为实现最小合理纳税而进行设计和运筹。税务筹划的实质是依法合理纳税，并最大限度地降低纳税风险，尽可能地减少应缴税

款的一种合法经济行为。从本质上讲，税务筹划是在遵守国家法律的前提下，一种"双赢"的方案实施。对纳税人来说，合理的税务筹划能够直接降低纳税成本，纳税人既履行了依法纳税的义务，又维护了自己的合法权益；对征税者来说，它能够促进国家税法及国家税收法规的不断改进和完善，改变国民收入的分配格局，有利于发挥国家税收经济杠杆的调节作用，从长远来看最终增加了国家的税收收入总量。

从2009年2月28日起，"偷税"将不再作为一个刑法概念存在。十一届全国人大常委会第七次会议表决通过了《刑法修正案（七）》，修订后的《中华人民共和国刑法》（以下简称《刑法》）对第二百零一条关于不履行纳税义务的定罪量刑标准和法律规定中的相关表述方式进行了修改。用"逃避缴纳税款"取代了"偷税"。《刑法》第二百零一条规定："纳税人采取欺骗、隐瞒手段进行虚假纳税申报或者不申报，逃避缴纳税款数额较大并且占应纳税额百分之十以上的，处三年以下有期徒刑或者拘役，并处罚金；数额巨大并且占应纳税额百分之三十以上的，处三年以上七年以下有期徒刑，并处罚金。"但目前《中华人民共和国税收征收管理法》（以下简称《税收征收管理法》）中还没有作相应修改。《税收征收管理法》第六十三条规定："纳税人伪造、变造、隐匿、擅自销毁账簿、记账凭证，或者在账簿上多列支出或者不列、少列收入，或者经税务机关通知申报而拒不申报或者进行虚假的纳税申报，不缴或者少缴应纳税额的，是偷税。对纳税人偷税的，由税务机关追缴其不缴或者少缴的税款、滞纳金，并处不缴或者少缴的税款百分之五十以上五倍以下的罚款；构成犯罪的，依法追究刑事责任。"

对避税的含义存在着各种各样的理解。著名经济学家萨谬尔森在《经济学》一书中分析美国联邦税制时指出："比逃税更加严重的是合法地规避赋税，主要是因为议会制定的法规有许多漏洞，听任大量的收入不上税或者以较低的税率上税。"阿根廷税法则这样定义避税："避税是一种行为方式，通过这种行为方式，自然人或法人选择适当的法律形式来从事经营活动，以减少或避免承担纳税义务。"避税并不违法，因而不受惩罚。我国目前的法律没有避税的概念，但有避税的内容。《税收征收管理法》和部分税收实体法都对转让定价作出了规定。因此综合起来，本书认为避税是指纳税人利用税法上的漏洞、特例或缺陷，通过对经营或财务活动的精心安排，在不违反税法规定的前提下，达到减轻或解除税负的目的。其后果是造成国家税收收入的直接损失，破坏了公平、合理的税收原则，使得国家的收入分配行为发生扭曲。事实上避税也就是纳税人利用税法存在的漏洞和不完善之处，采用隐蔽的手段事先作出各种规避税收的行为。避税具有四个特征：特征一是非违法性，避税并没有直接违反国家的相关法律法规，而是由于税法本身不完善，存在税种的税负弹性、纳税人的可变通性、税基的可调整性、税率的差别性以及各税种的优惠政策等，使纳税人的主观避税愿望能够通过利用现有政策的不足之处得以实现；特征二是低风险高收益性，避税并没有直接违法，所以风险相对来说较低，但是避税的方法却很多，带来的收益也很可观；特征三是策划性，在利益驱动下，纳税人除了在收入和成本费用等影响税基的税制要素上筹谋外，也可从税收支出的角度策划，以取得税收利益的最大化；特征四是反避税性，随着我国加入世贸组织，企业涉外交易和贸易越来越普遍，内资企业与外资企业的竞争日益加强，引发的企业避税问题日趋严重。从某种意义上说，只要存在税收，就会有避税。随着税收法规制度的不断完善、国际协调的加强，避税技术也在不断发展和深入，有的文献甚至将税务筹划和避税画等号。而在税务筹划实践中，有时也确实难以分清两者的关系。在不同的国家，政府对两者的态度也有不同。有的国家在法律上努力将避税纳入打击范围而对税务筹划又是允许的，有的国家将避税等同于税务筹划。

第三章　企业初创期的税务筹划

第一节　企业类型的税务筹划

一、增值税纳税人身份的税务筹划

增值税纳税人是指在中国境内销售货物或者加工、修理修配劳务，销售服务、无形资产、不动产以及进口货物的单位和个人。增值税纳税人分为一般纳税人和小规模纳税人两类。一般纳税人主要采用一般计税方法，小规模纳税人采用简易计税方法。一般纳税人和小规模纳税人计税方法的差异为纳税人提供了增值税筹划的空间。

（一）税收法规

现行增值税规定，一般纳税人的标准是年销售额超过500万元，小规模纳税人的标准是年销售额500万元以下。年应税销售额是指纳税人在连续不超过12个月的经营期内累计应征增值税销售额，包括纳税申报销售额、稽查查补销售额、纳税评估调整销售额、税务机关代开发票销售额和免税销售额。纳税人在设立时需要进行增值税筹划，选择增值税税负最低的纳税人身份。

一般纳税人采用一般计税方法，允许抵扣进项税额，税率为13%、9%、6%和0四档。增值税税率见表3-1。

表3-1 **增值税税率**

类别	税率	适用范围
基本税率	13%	销售或进口一般货物
		加工修理修配劳务
		有形动产租赁服务
低税率	9%	适用9%税率的列明货物： 1.粮食等农产品①、食用植物油、食用盐； 2.自来水、暖气、冷气、热水、煤气、石油液化气、天然气、二甲醚、沼气、居民用煤炭制品； 3.图书、报纸、杂志、音像制品、电子出版物； 4.饲料、化肥、农药、农机、农膜； 5.国务院及其有关部门规定的其他货物
		建筑、销售不动产、不动产租赁服务、转让土地使用权； 交通运输、邮政、基础电信
	6%	增值电信、现代服务业（租赁除外）、金融服务、生活服务、销售无形资产（土地使用权除外）
零税率	0	适用于出口货物、劳务、跨境应税行为

小规模纳税人采用简易计税方法，不允许作任何进项税额抵扣，实行统一的3%征收率。

年应税销售额未超过规定标准的纳税人，会计核算健全，能够提供准确税务资料的，可以向主管税务机关办理一般纳税人登记。

（二）不享受进项税额加计抵减政策税务筹划

1.模型建立

下面通过建立增值税应纳税额模型来筹划增值税纳税人身份。

假设 S 为不含税销售额，T_1 为一般纳税人销售业务增值税税率，

---

① 对增值税一般纳税人购进用于生产或者委托加工13%税率货物的农产品，按照10%扣除率计算进项税额。

P为不含税购进金额，T_2为购进业务增值税税率，3%为小规模纳税人增值税征收率。

（1）计算"不含税购销金额比"

不含税购销金额比=不含税购进金额÷不含税销售额=P÷S

（2）计算"应纳税额"

① $\dfrac{\text{一般纳税人}}{\text{应缴纳增值税}}=\dfrac{\text{不含税}}{\text{销售额}}\times\dfrac{\text{一般纳税人销售}}{\text{业务增值税税率}}-\dfrac{\text{不含税}}{\text{购进金额}}\times\dfrac{\text{购进业务}}{\text{增值税税率}}$

$$=S\cdot T_1-P\cdot T_2$$

② 小规模纳税人应缴纳增值税=不含税销售额×3%=S·3%

（3）计算平衡点"不含税购销金额比"

令：一般纳税人应缴纳增值税=小规模纳税人应缴纳增值税

$S\cdot T_1-P\cdot T_2=S\cdot3\%$

不含税购销金额比=P÷S=（T_1-3%）÷T_2

将增值税税率13%、9%、6%[①]，增值税征收率3%分别代入上式，计算出增值税一般纳税人和小规模纳税人纳税平衡点下的不含税购销金额比见表3-2。

表3-2 　　　　　　　　纳税平衡点下的不含税购销金额比　　　　　　　单位：%

类型	一般纳税人销货税率（T_1）	一般纳税人购货税率（T_2）	小规模纳税人征收率	纳税平衡点不含税购销金额比（P÷S）
1	13	13	3	76.92
2	13	9	3	111.11
3	13	6	3	166.67
4	9	13	3	46.15
5	9	9	3	66.67
6	9	6	3	100.00
7	6	13	3	23.08
8	6	9	3	33.33
9	6	6	3	50.00

① 不考虑10%和0。

2.模型结论

（1）当纳税平衡点不含税购销金额比＜1时[①]

①当纳税人实际不含税购销金额比=纳税平衡点不含税购销金额比时，一般纳税人和小规模纳税人税负相同，既可以选择一般纳税人也可以选择小规模纳税人；

②当纳税人实际不含税购销金额比＞纳税平衡点不含税购销金额比时，一般纳税人税负轻于小规模纳税人税负，选择一般纳税人对企业有利；

③当纳税人实际不含税购销金额比＜纳税平衡点不含税购销金额比时，小规模纳税人税负轻于一般纳税人税负，选择小规模纳税人对企业有利。

（2）当纳税平衡点不含税购销金额比＞1时[②]

通常情况下，不含税购进金额＜不含税销售额，可以得出：

不含税购进金额÷不含税销售额＜1

进而得出：

不含税购进金额÷不含税销售额=纳税人实际不含税购销金额比＜1

当纳税平衡点不含税购销金额比＞1，可以得出：

实际不含税购销金额比＜纳税平衡点不含税购销金额比

进而得出选择小规模纳税人肯定对企业有利。

3.模型应用

筹划案例3-1

新兴公司2020年准备筹建一家电脑生产企业，预计年销售额900万元，该电脑生产企业购原材料，全部取得增值税专用发票，预计购进不含税金额为500万元，适用13%税率。请对新兴公司增值税纳税人身份进行税务筹划。

【筹划策略】

（一）利用纳税平衡点不含税购销金额比（见表3-2）的筹划结论

本案例实际不含税购销金额比=500÷900=55.56%＜76.92%，选择小

---

① 表3-2类型1、类型4、类型5、类型7、类型8、类型9。
② 表3-2类型2、类型3、类型6。

规模纳税人对新兴公司有利。

（二）验算

方案一：按照一般纳税人经营。

应纳税额=900×13%-500×13%=52（万元）

方案二：将业务拆分，电脑生产销售设立为新兴公司，半成品的生产销售设立为光明公司，并将新兴公司和光明公司的销售额都控制在500万元以下。

预计新兴公司年不含税销售额为480万元，光明公司年不含税销售额为420万元。

新兴公司应纳税额=480×3%=14.4（万元）

光明公司应纳税额=420×3%=12.6（万元）

新兴公司和光明公司应纳税额合计=14.4+12.6=27（万元）

通过验算，新兴公司将业务拆分，少缴纳增值税25万元（52-27），所以应当选择方案二将公司业务拆分，成立两家年销售额低于500万元的小规模纳税人企业，增值税税负最低。与利用纳税平衡点不含税购销金额比得出的筹划结论一致。

筹划案例3-2

新兴公司2020年准备筹建一家电脑生产企业，预计年销售额900万元，该电脑生产企业购原材料，全部取得增值税专用发票，预计购进不含税金额为720万元，适用13%税率。请对新兴公司增值税纳税人身份进行税务筹划。

【筹划策略】

（一）利用纳税平衡点不含税购销金额比（见表3-2）的筹划结论

本案例实际不含税购销金额比=720÷900=80%＞76.92%，选择一般纳税人对新兴公司有利。

（二）验算

方案一：按照一般纳税人经营。

应纳税额=900×13%-700×13%=26（万元）

方案二：将业务拆分，电脑生产销售设立为新兴公司，半成品的生产销售设立为光明公司，并将新兴公司和光明公司的销售额都控制在500万元以下。

预计新兴公司年不含税销售额为480万元，光明公司年不含税销售额为420万元。

新兴公司应纳税额=480×3%=14.4（万元）

光明公司应纳税额=420×3%=12.6（万元）

新兴公司和光明公司应纳税额合计=14.4+12.6=27（万元）

通过验算，新兴公司按照一般纳税人经营，少缴纳增值税1万元（27-26），所以应当选择方案一不进行业务拆分，增值税税负最低。与利用纳税平衡点不含税购销金额比得出的筹划结论一致。

（三）享受进项税额加计抵减政策税务筹划

1.模型建立

自2019年4月1日到2021年12月31日，主营业务为邮政、电信、现代服务和生活服务业的纳税人，按进项税额加计10%抵减应纳税额。下面通过建立增值税应纳税额模型对加计抵减应纳税额的企业筹划增值税纳税人身份。

假设S为不含税销售额，T_1为一般纳税人销售业务增值税税率，P为不含税购进金额，T_2为购进业务增值税税率，3%为小规模纳税人增值税征收率。

在加计抵减应纳税额的纳税人中，邮政业的纳税人增值税税率为9%、基础电信业的纳税人税率为9%、有形动产租赁的纳税人税率为13%、现代服务业（除有形动产租赁）和生活服务业的纳税人税率为6%。

（1）计算"不含税购销金额比"

不含税购销金额比=不含税购进金额÷不含税销售额=P÷S

（2）计算"应纳税额"

① 一般纳税人应缴纳增值税 = 不含税销售额 × 一般纳税人销售业务增值税税率 − 不含税购进金额 × 购进业务增值税税率 − 加计抵减

$$=S \cdot T_1 - P \cdot T_2 - P \cdot T_2 \cdot 10\%$$

②小规模纳税人应缴纳增值税=不含税销售额×3%=$S \cdot 3\%$

（3）计算平衡点"不含税购销金额比"

令：一般纳税人应缴纳增值税=小规模纳税人应缴纳增值税

$S \cdot T_1 - P \cdot T_2 - P \cdot T_2 \cdot 10\% = S \cdot 3\%$

不含税购销金额比=$P \div S$=$(T_1 - 3\%) \div (T_2 \times 1.1)$

将增值税税率13%、9%、6%，增值税征收率3%分别代入上式，计算出增值税一般纳税人和小规模纳税人纳税平衡点下的不含税购销金额比见表3-3。

表3-3　　　　　　　**纳税平衡点下的不含税购销金额比**　　　　　单位：%

类型	一般纳税人销货税率(T_1)	一般纳税人购货税率(T_2)	小规模纳税人征收率	纳税平衡点不含税购销金额比($P \div S$)
有形动产租赁	13	13	3	69.93
	13	9	3	101.01
	13	6	3	151.52
邮政业和基础电信业	9	13	3	41.96
	9	9	3	60.61
	9	6	3	90.91
现代服务业（除有形动产租赁）和生活服务业	6	13	3	20.98
	6	9	3	30.30
	6	6	3	45.45

2.模型结论

（1）当纳税平衡点不含税购销金额比＜1时

①当纳税人实际不含税购销金额比=纳税平衡点不含税购销金额比时，一般纳税人和小规模纳税人税负相同，既可以选择一般纳税人也可以选择小规模纳税人；

②当纳税人实际不含税购销金额比＞纳税平衡点不含税购销金额比时，一般纳税人税负轻于小规模纳税人税负，选择一般纳税人对企业有利；

③当纳税人实际不含税购销金额比＜纳税平衡点不含税购销金额比时，小规模纳税人税负轻于一般纳税人税负，选择小规模纳税人对企业有利。

（2）当纳税平衡点不含税购销金额比＞1时

通常情况下，不含税购进金额＜不含税销售额，可以得出：

不含税购进金额÷不含税销售额＜1

进而得出：

不含税购进金额÷不含税销售额=纳税人实际不含税购销金额比＜1

当纳税平衡点不含税购销金额比＞1，可以得出：

实际不含税购销金额比＜纳税平衡点不含税购销金额比

进而得出选择小规模纳税人肯定对企业有利。

3.模型应用

筹划案例3-3

2020年1月，新兴公司准备投资一家从事咨询服务的光明公司，预计年不含税销售额为400万元，会计核算健全，预计可以抵扣的购进金额为210万元，增值税税率为6%。请对光明公司增值税纳税人身份进行税务筹划。

【筹划策略】

（一）利用纳税平衡点不含税购销金额比（见表3-3）的筹划结论

本案例实际不含税购销金额比=210÷400=52.5%＞45.45%，选择一般纳税人对光明公司有利。

（二）验算

方案一：光明公司年销售额没有超过500万元，按照小规模纳税人简易计税，征收率3%。

光明公司应缴纳增值税=400×3%=12（万元）

方案二：年应税销售额未超过规定标准的纳税人，会计核算健全，能够提供准确税务资料的，可以向主管税务机关办理一般纳税人登记。光明公司会计核算健全，可以向税务机关办理一般纳税人登记。

光明公司是现代服务业，按进项税额加计10%抵减应纳税额。

光明公司增值税的加计抵减额=210×6%×10%=1.26（万元）

光明公司应缴纳增值税=400×6%-210×6%-1.26=10.14（万元）

通过验算，光明公司选择成为一般纳税人，少缴纳增值税1.86万元（12-10.14），所以应当选择方案二，按照一般纳税人管理，可以降低增值税税负。与利用纳税平衡点不含税购销金额比得出的筹划结论一致。

筹划案例3-4

2020年1月，新兴公司准备投资一家从事咨询服务的光明公司，预计年不含税销售额为400万元，会计核算健全，预计可以抵扣的购进金额为150万元，增值税税率为6%。请对光明公司增值税纳税人身份进行税务筹划。

【筹划策略】

（一）利用纳税平衡点不含税购销金额比（见表3-3）的筹划结论

本案例实际不含税购销金额比=150÷400=37.5%＜45.45%，选择小规模纳税人对光明公司有利。

（二）验算

方案一：光明公司年销售额没有超过500万元，按照小规模纳税人简易计税，征收率3%。

光明公司应缴纳增值税=400×3%=12（万元）

方案二：年应税销售额未超过规定标准的纳税人，会计核算健全，能够提供准确税务资料的，可以向主管税务机关办理一般纳税人登记。光明公司会计核算健全，可以向税务机关办理一般纳税人登记。

光明公司是现代服务业，按进项税额加计10%抵减应纳税额。

光明公司增值税的加计抵减额=150×6%×10%=0.9（万元）

光明公司应缴纳增值税=400×6%-150×6%-0.9=14.1（万元）

通过验算，光明公司选择成为小规模纳税人，少缴纳增值税2.1万元（14.1-12），所以应当选择方案一，按照小规模纳税人管理，可以降低增值税税负。与利用纳税平衡点不含税购销金额比得出的筹划结论一致。

二、企业所得税纳税人身份的税务筹划

我国按照"登记注册地"和"实际管理机构所在地"的双重标准，将企业所得税纳税人分为居民企业和非居民企业。居民企业是指，依法在中国境内成立，或者依照外国（地区）法律成立但实际管理机构、总机构在中国境内的企业。非居民企业是指，依照外国（地区）法律成立且实际管理机构不在中国境内，但在中国境内设立机构、场所的，或者在中国境内未设立机构、场所，但有来源于中国境内所得的企业。如在他国成立且管理机构在该国，但是在中国设有分支机构的企业为非居民企业。实际管理机构，是指对企业的生产经营、人员、账务、财产等实施实质性全面管理和控制的机构。

（一）税收法规

居民企业和非居民企业在企业所得税方面的差异主要表现在如下三个方面：

第一，征税范围不同。

居民企业的征税对象为企业在中国境内、境外所得；非居民企业的征税对象仅限于企业在中国境内的所得。

第二，税率不同。

居民企业与非居民企业的税率见表3-4。

表3-4　　　　　　　　居民企业与非居民企业的税率表

居民企业		
	在中国境内设有机构、场所且取得的所得与机构、场所有联系的非居民企业	25%
非居民企业	在中国境内未设立机构、场所的非居民企业	10%
	在中国境内设立机构、场所但取得的所得与其所设机构、场所没有实际联系的非居民企业	

第三，计税依据不同。

企业所得税的计税依据是应纳税所得额。

1.居民企业和在中国境内设有机构、场所且取得的所得与机构、场

所有联系的非居民企业的应纳税所得额是企业本纳税年度的收入总额，减除不征税收入、免税收入、各项扣除和允许弥补的以前年度亏损以后的余额。

2.对于在中国境内未设立机构、场所的，或者虽设立机构、场所但取得的所得与其所设机构、场所没有实际联系的非居民企业的所得，按照下列方法计算应纳税所得额：

（1）股息、红利等权益性投资收益和利息、租金、特许权使用费所得，以收入全额为应纳税所得额；

（2）转让财产所得，以收入全额减除财产净值后的余额为应纳税所得额；财产净值是指财产的计税基础减除已经按照规定扣除的折旧、摊销、准备金等后的余额。

（3）其他所得，参照前两项规定的方法计算应纳税所得额。

（二）模型分析

筹划案例 3-5

美国 A 公司准备在美国筹建 B 公司，B 公司主要在中国境内转让美国 A 公司的专利技术，预计未来每年转让专利技术收入为 5 000 万元，可以税前扣除的成本费用为 2 900 万元。请对 B 公司企业所得税纳税人身份进行税务筹划。

【筹划策略】

（一）建立模型

建立 B 公司的成本费用平衡点模型，筹划 B 公司企业所得税纳税人身份。

假设 W 为税前扣除的成本费用，T 为应缴纳的企业所得税。

B 公司在美国成立，其实际管理机构在中国境内，B 公司应缴纳企业所得税 $T_1 = (5\,000 - W) \cdot 25\%$。

B 公司在美国成立，其实际管理机构不在中国境内且在中国境内未设立机构、场所，B 公司应缴纳企业所得税 $T_2 = 5\,000 \times 10\% = 500$（万元）。

令 $T_1 = T_2$

$(5\,000 - W) \cdot 25\% = 500$

计算出平衡点：

W=3 000万元

（二）模型结论

1.当税前扣除的成本费用等于3 000万元时（即W=3 000万元），两种类型企业所得税税负相同，B公司既可以是居民企业也可以是非居民企业。

2.当税前扣除的成本费用高于3 000万元时（即W＞3 000万元），B公司选择成为居民企业，企业所得税税负最低。具体设立方法是在美国注册成立，但实际管理机构在中国境内。

3.当税前扣除的成本费用低于3 000万元时（即W＜3 000万元），B公司选择成为非居民企业，企业所得税税负最低。具体设立方法是在美国注册成立，实际管理机构不在中国境内并且在中国境内未设立机构、场所。

（三）利用成本费用平衡点模型筹划结论

税前扣除的成本费用为2 900万元低于3 000万元，B公司选择成为非居民企业，企业所得税税负最低。

（四）验算

方案一：B公司选择成为居民企业，B公司在美国成立，但是其实际管理机构在中国境内。

B公司应缴纳企业所得税=（5 000-2 900）×25%=525（万元）

方案二：B公司选择成为非居民企业，B公司在美国成立且实际管理机构不在中国境内，在中国境内未设立机构、场所。

B公司应缴纳企业所得税=5 000×10%=500（万元）

通过验算，B公司选择成为非居民企业，少缴纳企业所得税25万元（525-500），所以应当选择方案二。与利用成本费用平衡点模型得出的筹划结论一致。

筹划案例3-6

美国A公司准备在美国筹建B公司，B公司主要在中国境内转让美国A公司的专利技术，预计未来每年转让专利技术的收入为5 000万元，可以税前扣除的成本费用为 3 100 万元。请对 B 公司企业所得税纳税人身份进行税务筹划。

【筹划策略】

（一）利用【筹划案例 3-5】成本费用平衡点模型的筹划结论

税前扣除的成本费用为 3 100 万元高于 3 000 万元，B 公司选择成为居民企业，企业所得税税负最低。

（二）验算

方案一：B 公司选择成为居民企业，B 公司在美国成立，但是其实际管理机构在中国境内。

B 公司应缴纳企业所得税=（5 000-3 100）×25%=475（万元）

方案二：B 公司选择成为非居民企业，B 公司在美国成立且实际管理机构不在中国境内，在中国境内未设立机构、场所。

B 公司应缴纳企业所得税=5 000×10%=500（万元）

通过验算，B 公司选择成为居民企业，少缴纳企业所得税 25 万元（500-475），所以应当选择方案一。与利用成本费用平衡点模型得出的筹划结论一致。

三、小型微利企业身份的税务筹划

小型微利企业在我国的企业总额中占有很大比重，对促进就业、增强经济活力具有十分重要的意义。但从税收负担能力来看，小型微利企业的税收负担能力相对较弱，如果让其与规模大、盈利能力强的企业适用同样的企业所得税税率，将导致税收负担较重，不利于小型微利企业的发展壮大。为保证小型微利企业健康发展，国家不断扩大小型微利企业的范围。企业在设立时，需要事先估计一下全年应纳税所得额，特别是全年应纳税所得额在小型微利企业临界点附近，需要进行企业所得税筹划，避免多缴纳企业所得税。

（一）税收法规

1.居民企业的企业所得税税率

居民企业的企业所得税税率为 25%，居民企业的企业所得税优惠税率见表 3-5。

表 3-5   居民企业的企业所得税优惠税率表

企业所得税优惠税率	适用范围
15%	设在西部地区的鼓励类产业企业 国家重点扶持的高新技术企业 经认定的技术先进型服务企业
5% 或 10%	符合条件的小型微利企业

2.小型微利企业

财税〔2019〕13号规定小型微利企业条件如下：

（1）小型微利企业是指从事国家非限制和禁止行业，且同时符合年度应纳税所得额不超过300万元、从业人数不超过300人、资产总额不超过5 000万元的企业。

（2）对小型微利企业年应纳税所得额不超过100万元的部分，减按25%计入应纳税所得额，按20%的税率缴纳企业所得税；对年应纳税所得额超过100万元但不超过300万元的部分，减按50%计入应纳税所得额，按20%的税率缴纳企业所得税。

（二）小型微利企业与非高新技术企业的税务筹划分析

1.建立模型

税收陷阱是指一国税法中可能导致纳税人多纳税的某些条款。税收陷阱的存在，使得纳税人不得不加以注意；否则，就会落入税务当局设置的看似漏洞实为陷阱的圈套中，导致过多纳税。纳税人要避免落入税收陷阱，就要提前进行税务筹划。纳税人可以建立小型微利企业税后所得模型，计算税收陷阱。

假设纳税人已经满足小型微利企业从业人数和资产总额的条件，仅对企业的应纳税所得额进行分析。

假设 R 为应纳税所得额，Y 为税后所得。

情况一：年应纳税所得额（R）=3 000 000元

属于小型微利企业，采用企业所得税优惠税率5%和10%。

应缴纳企业所得税=1 000 000×5%+（3 000 000-1 000 000）×10%=250 000（元）

税后所得 Y_1=3 000 000-250 000=2 750 000（元）

情况二：年应纳税所得额（R）>3 000 000元

不属于小型微利企业，也不是高新技术企业，企业所得税税率为25%。

应缴纳企业所得税=R·25%

税后所得Y_2=R-R·25%=R·75%

令Y_1=Y_2

R·75%=2 750 000

计算出平衡点：

R=3 666 666.67元

2.模型结论

（1）当应纳税所得额为3 666 666.67元时（即R=3 666 666.67元），小型微利企业和非高新技术企业税后所得相等，纳税人应纳税所得额为3 666 666.67元；

（2）当应纳税所得额大于3 000 000元且小于3 666 666.67元时（即3 000 000元＜R＜3 666 666.67元），小型微利企业税后所得大于非高新技术企业税后所得，纳税人落入税收陷阱，建议应纳税所得额降低到3 000 000元，纳税人可以获得最大的税后所得；

（3）当应纳税所得额大于3 666 666.67元时（即R＞3 666 666.67元），非高新技术企业税后所得大于小型微利企业税后所得，纳税人不需要降低应纳税所得额，按照非高新技术企业缴纳企业所得税可以获得最大的税后所得。

3.模型应用

筹划案例3-7

新兴公司是一家批发企业，不是高新技术企业，2019年从业人数50人，资产总额8 000 000元。2019年新兴公司预计应纳税所得额为3 001 000元。请对新兴公司上述业务进行税务筹划。

【筹划策略】

（一）利用小型微利企业税后所得模型的筹划结论

本案例应纳税所得额为3 001 000元大于3 000 000元且小于

3 666 666.67 元，正好落入税收陷阱，所以需要将应纳税所得额降到 3 000 000 元。

（二）验算

方案一：2019 年新兴公司预计应纳税所得额为 3 001 000 元。

2019 年新兴公司预计应纳税所得额为 3 001 000 元大于 3 000 000 元，不属于小型微利企业，也不是高新技术企业，企业所得税税率为 25%。

新兴公司应交企业所得税=3 001 000×25%=750 250（元）

新兴公司税后所得=3 001 000−750 250=2 250 750（元）

方案二：2019 年新兴公司少取得一部分收入或者增加一部分支出，将应纳税所得额降为 3 000 000 元。

新兴公司是生产企业，从业人数 50 人小于 300 人，资产总额 8 000 000 元小于 50 000 000 元，应纳税所得额 3 000 000 元等于 3 000 000 元，新兴公司符合小型微利企业的全部条件，可以享受小型微利企业的税收优惠。

新兴公司应交企业所得税=1 000 000×5%+（3 000 000−1 000 000）×10%

$$=250 000（元）$$

新兴公司税后所得=3 000 000−250 000=2 750 000（元）

通过验算，方案一的税前所得比方案二的税前所得多 1 000 元（3 001 000−3 000 000），方案一为此要多缴纳企业所得税 500 250 元（750 250−250 000），最终导致方案一比方案二少获利 499 250 元（2 750 000−2 250 750），所以应当选择方案二，将应纳税所得额降到 3 000 000 元。与小型微利企业税后所得模型得出的筹划结论一致。

筹划案例 3-8

新兴公司是一家批发企业，不是高新技术企业，2019 年从业人数 50 人，资产总额 8 000 000 元。2019 年新兴公司预计应纳税所得额为 3 700 000 元。请对新兴公司上述业务进行税务筹划。

【筹划策略】

（一）利用小型微利企业税后所得模型的筹划结论

本案例应纳税所得额为 3 700 000 元大于 3 666 666.67 元，所以应纳税所得额按照 3 700 000 元计算缴纳企业所得税。

（二）验算

方案一：2019 年新兴公司预计应纳税所得额为 3 700 000 元。

2019 年新兴公司预计应纳税所得额为 3 700 000 元大于 3 000 000 元，不属于小型微利企业，也不是高新技术企业，企业所得税税率为 25%。

新兴公司应交企业所得税=3 700 000×25%=925 000（元）

新兴公司税后所得=3 700 000-925 000=2 775 000（元）

方案二：2019 年新兴公司少取得一部分收入或者增加一部分支出，将应纳税所得额降为 3 000 000 元。

新兴公司是生产企业，从业人数 50 人小于 300 人，资产总额 8 000 000 元小于 50 000 000 元，应纳税所得额 3 000 000 元等于 3 000 000 元，新兴公司符合小型微利企业的全部条件，可以享受小型微利企业的税收优惠。

新兴公司应交企业所得税=1 000 000×5%+（3 000 000-1 000 000）×10%

=250 000（元）

新兴公司税后所得=3 000 000-250 000=2 750 000（元）

通过验算，方案一的税前所得比方案二的税前所得多 700 000 元（3 700 000-3 000 000），方案一为此要多缴纳企业所得税 675 000 元（925 000-250 000），最终方案一比方案二多获利 25 000 元（2 775 000-2 750 000），所以应当选择方案一，与小型微利企业税后所得模型得出的筹划结论一致。

（三）小型微利企业与高新技术企业的税务筹划分析

1.建立模型

为避免纳税人落入税收陷阱，需要提前进行税务筹划。建立小型微利企业税后所得模型，计算税收陷阱。

假设纳税人已经满足小型微利企业从业人数和资产总额的条件，仅对企业的应纳税所得额进行分析。

假设应纳税所得额为 R，税后所得为 Y。

情况一：年应纳税所得额（R）=3 000 000 元

应缴纳企业所得税=1 000 000×5%+（3 000 000-1 000 000）×10%=250 000（元）

税后所得 Y_1=3 000 000-250 000=2 750 000（元）

情况二：年应纳税所得额（R）＞3 000 000元

若纳税人为高新技术企业：

应缴纳企业所得税=R·15%

税后所得 Y_3=R-R·15%=R·85%

Y_3=R·85%

令 Y_1=Y_3

2 750 000=R·85%

计算出平衡点：R=3 235 294.12元

2.模型结论

（1）当应纳税所得额等于3 235 294.12元时（即R=3 235 294.12元），小型微利企业税后所得等于高新技术企业税后所得，纳税人应纳税所得额为3 235 294.12元。

（2）当应纳税所得额大于3 000 000元且小于3 235 294.12元时（即3 000 000元＜R＜3 235 294.12元），小型微利企业税后所得大于高新技术企业税后所得，纳税人落入高新技术企业所得税的税收陷阱。建议应纳税所得额降低到3 000 000元，纳税人可以获得最大的税后所得。

（3）当应纳税所得额大于3 235 294.12元时（即R＞3 235 294.12元），高新技术企业税后所得大于小型微利企业税后所得，纳税人不需要降低应纳税所得额，按照高新技术企业缴纳企业所得税可以获得最大的税后所得。

3.模型应用

筹划案例3-9

光明公司是一家工业企业并且享受高新技术企业优惠税率，2019年从业人数90人，资产总额26 000 000元。2019年光明公司预计应纳税所得额为3 200 000元。请针对上述业务进行税务筹划。

【筹划策略】

（一）利用小型微利企业税后所得模型的筹划结论

本案例应纳税所得额为3 200 000元大于3 000 000元且小于

3 235 294.12 元，正好落入税收陷阱，所以需要将应纳税所得额降为 3 000 000 元。

（二）验算

方案一：2019 年光明公司预计应纳税所得额为 3 200 000 元。

2019 年光明公司预计应纳税所得额为 3 200 000 元大于 3 000 000 元，不属于小型微利企业，企业所得税税率为 15%。

光明公司应交企业所得税=3 200 000×15%=480 000（元）

光明公司税后所得=3 200 000-480 000=2 720 000（元）

方案二：2019 年光明公司少取得一部分收入或者增加一部分支出，将应纳税所得额降为 3 000 000 元。

光明公司是生产企业，从业人数 90 人小于 300 人，资产总额 26 000 000 元小于 50 000 000 元，应纳税所得额 3 000 000 元等于 3 000 000 元，光明公司符合小型微利企业的全部条件，可以享受小型微利企业的税收优惠。

光明公司应交企业所得税=1 000 000×5%+（3 000 000-1 000 000）×10%

=250 000（元）

光明公司税后所得=3 000 000-250 000=2 750 000（元）

通过验算，方案一的税前所得比方案二的税前所得多 200 000 元（3 200 000-3 000 000），方案一为此要多缴纳企业所得税 230 000 元（480 000-250 000），最终导致方案一比方案二少获利 30 000 元（2 750 000-2 720 000），所以应当选择方案二，将应纳税所得额降到 3 000 000 元。与小型微利企业税后所得模型得出的筹划结论一致。

筹划案例 3-10

光明公司是一家工业企业并且享受高新技术企业优惠税率，2019 年从业人数 90 人，资产总额 26 000 000 元。2019 年光明公司预计应纳税所得额为 3 300 000 元。请针对上述业务进行税务筹划。

【筹划策略】

（一）利用小型微利企业税后所得模型的筹划结论

本案例应纳税所得额为 3 300 000 元大于 3 235 294.12 元，应纳税所得额应当为 3 300 000 元。

（二）验算

方案一：2019年光明公司预计应纳税所得额为3 300 000元。

2019年光明公司预计应纳税所得额为3 300 000元大于3 000 000元，不属于小型微利企业，企业所得税税率为15%。

光明公司应交企业所得税=3 300 000×15%=495 000（元）

光明公司税后所得=3 300 000−495 000=2 805 000（元）

方案二：2019年光明公司少取得一部分收入或者增加一部分支出，将应纳税所得额降为3 000 000元。

光明公司是生产企业，从业人数90人小于300人，资产总额26 000 000元小于50 000 000元，应纳税所得额3 000 000元等于3 000 000元，光明公司符合小型微利企业的全部条件，可以享受小型微利企业的税收优惠。

光明公司应交企业所得税=1 000 000×5%+（3 000 000−1 000 000）×10%

=250 000（元）

光明公司税后所得=3 000 000−250 000=2 750 000（元）

通过验算，方案一的税前所得比方案二的税前所得多300 000元（3 300 000−3 000 000），方案一为此要多缴纳企业所得税245 000元（495 000−250 000），最终方案一比方案二多获利55 000元（2 805 000−2 750 000），所以应当选择方案一，与小型微利企业税后所得模型得出的筹划结论一致。

四、个人独资企业的税务筹划

（一）税收规定

个人所得税法中对个人独资企业的经营所得是以每一纳税年度的收入总额减除成本、费用以及损失后的余额，为应纳税所得额。个体工商户业主、个人独资企业和合伙企业自然人投资者的生产经营所得都按照经营所得计算缴纳个人所得税。

经营所得应纳税额的计算公式为：

应纳税额=全年应纳税所得额×适用税率−速算扣除数

或　　　　=（全年收入总额−成本、费用以及损失）×适用税率−速算扣除数个人所得税税率表（经营所得适用）见表3-6。

表3-6 **个人所得税税率表（经营所得适用）**

级数	全年应纳税所得额	税率(%)	速算扣除数
1	不超过30 000元的	5	0
2	超过30 000元至90 000元的部分	10	1 500
3	超过90 000元至300 000元的部分	20	10 500
4	超过300 000元至500 000元的部分	30	40 500
5	超过500 000元的部分	35	65 500

现代企业的组织形式按照财产的组织形式和所承担的法律责任，通常分为非公司制企业（如个人独资企业）和公司制企业。下面对个人独资企业和公司制企业的税负进行分析，筹划企业的组织形式。

1.个人独资企业的税款计算

个人独资企业，是指依法在中国境内设立，由一个自然人投资，财产为投资人个人所有，投资人以其个人财产对企业债务承担无限责任的经营实体。个人独资企业适用5%～35%五级超额累进税率（见表3-6）。

假设个人独资企业和一人有限责任公司投资者每月从企业取得的工资都为5 000元，两类企业税后利润全部分配给投资者，不考虑专项扣除和符合税法规定的其他扣除。假设两类企业全年应纳税所得额不存在会计和税法上的差异。设两类企业全年应纳税所得额都为R（R≥0）。

个人独资企业需要负担个人所得税，个人独资企业个人所得税的计算见表3-7。

表3-7 **个人独资企业的个人所得税计算表** 单位：元

序号	全年应纳税所得额(R)	应纳个人所得税额
1	$R \leq 30\,000$	$0.05 \cdot R$
2	$30\,000 < R \leq 90\,000$	$0.1 \cdot R - 1\,500$
3	$90\,000 < R \leq 300\,000$	$0.2 \cdot R - 10\,500$
4	$300\,000 < R \leq 500\,000$	$0.3 \cdot R - 40\,500$
5	$R > 500\,000$	$0.35 \cdot R - 65\,500$

2.一人有限责任公司税款的计算

一人有限责任公司，是指只有一个自然人股东或者一个法人股东的有限责任公司。一人有限责任公司具有法人资格，应当缴纳企业所得税。根据现行个人所得税法的规定，投资者个人从公司制企业分得的股息红利按照20%的税率缴纳个人所得税。假设企业的利润全部分配给投资者个人，投资者个人分得的税前所得就是全年应纳税所得额（R）。下面分三种情况探讨一人有限责任公司税款的计算。

（1）非小型微利企业、非高新技术企业

根据企业所得税法的规定，企业所得税税率为25%。

非小型微利企业、非高新技术企业需要缴纳的企业所得税=0.25·R

非小型微利企业、非高新技术企业的股东需要缴纳的个人所得税 =（1-25%）·R·20%=0.15·R

非小型微利企业、非高新技术企业共缴纳的税款=0.25·R+0.15·R=0.4·R

（2）小型微利企业

财税〔2019〕13号规定，小型微利企业年应纳税所得额不超过100万元的部分，企业所得税税率为5%；对年应纳税所得额超过100万元但不超过300万元的部分，企业所得税税率为10%。

第一，0≤R≤1 000 000元。

小型微利企业需要缴纳的企业所得税=0.05·R

小型微利企业的股东需要缴纳的个人所得税=（1-5%）·R·20%=0.19·R

小型微利企业共负担税款=0.05·R+0.19·R=0.24·R

第二，1 000 000元＜R≤3 000 000元。

小型微利企业需要缴纳的企业所得税=0.05·1 000 000+0.1·（R-1 000 000）

=0.1·R-50 000

小型微利企业的股东需要缴纳的个人所得税=［R-（0.1·R-50 000）］·20%

=0.18·R+10 000

小型微利企业共负担税款=0.1·R-50 000+0.18·R+10 000=0.28·R-40 000

（3）高新技术企业

高新技术企业的企业所得税税率为15%。

高新技术企业需要缴纳的企业所得税=0.15·R

高新技术企业的股东需要缴纳的个人所得税=（1-15%）·R·20%=0.17·R

高新技术企业共负担税款=0.15·R+0.17·R=0.32·R

公司制企业的税款计算见表3-8。

表3-8 **公司制企业的税款计算表**

序号	全年应纳税所得额(R)	应纳企业所得税和个人所得税合计	
1	非小型微利、非高新技术企业	0.4·R	
2	小型微利企业	0≤R≤1 000 000元	0.24·R
		1 000 000元 < R≤3 000 000元	0.28·R-40 000
3	高新技术企业	0.32·R	

(二)个人独资企业和一人有限责任公司的税务筹划

一个自然人要成立企业,可以在个人独资企业和一人有限责任公司中选择。《公司法》规定一人有限责任公司,是指只有一个自然人股东或者一个法人股东的有限责任公司。一人有限责任公司的投资者对公司的债务承担的是有限的责任。一人有限责任公司属于企业法人,需要缴纳企业所得税。

将个人独资企业的个人所得税计算表(见表3-7)和一人有限责任公司的税款计算表(见表3-8)进行分析:

(1)0≤全年应纳税所得额(R)≤30 000元,个人独资企业应纳税额(0.05·R) < 小型微利企业应纳税额(0.24·R) < 高新技术企业应纳税额(0.32·R) < 非小型微利、非高新技术企业应纳税额(0.4·R),选择个人独资企业税负最低。

(2)30 000元 < 全年应纳税所得额(R)≤90 000元,个人独资企业应纳税额(0.1·R-1 500) < 小型微利企业应纳税额(0.24·R) < 高新技术企业应纳税额(0.32·R) < 非小型微利、非高新技术企业应纳税额(0.4·R),选择个人独资企业税负最低。

(3)90 000元 < 全年应纳税所得额(R)≤300 000元,个人独资企业应纳税额(0.2·R-10 500) < 小型微利企业应纳税额(0.24·R) < 高新技术企业应纳税额(0.32·R) < 非小型微利、非高新技术企业应纳税额(0.4·R),选择个人独资企业税负最低。

(4)300 000元 < 全年应纳税所得额(R)≤500 000元。

因为小型微利企业应纳税额（0.24·R）＜高新技术企业应纳税额（0.32·R）＜非小型微利、非高新技术企业应纳税额（0.4·R），所以只需要在个人独资企业与小型微利企业之间比较税负。

令：个人独资企业应纳税额=小型微利企业应纳税额

即 0.3·R-40 500=0.24·R

R=675 000元

当 300 000元＜R≤500 000元时，个人独资企业和小型微利企业应纳税额的比较如图3-1所示。因为 300 000元＜R≤500 000元，R在平衡点 675 000元的左侧，所以个人独资企业应纳税额比小型微利企业应纳税额小，应当选择个人独资企业。

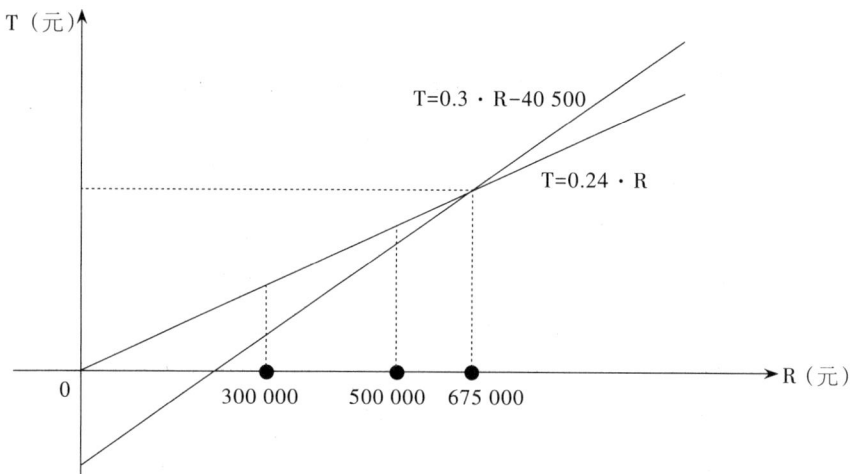

图3-1 个人独资企业和小型微利企业税负比较（300 000元＜R≤500 000元）

（5）500 000元＜全年应纳税所得额（R）≤1 000 000元。

因为小型微利企业应纳税额（0.24·R）＜高新技术企业应纳税额（0.32·R）＜非小型微利、非高新技术企业应纳税额（0.4·R），所以只需要在个人独资企业与小型微利企业之间比较税负。

令：个人独资企业应纳税额=小型微利企业应纳税额

即 0.35·R-65 500=0.24·R

R=595 454.5元

当 500 000元＜R≤1 000 000元时，个人独资企业和小型微利企业应纳税额的比较如图3-2所示。

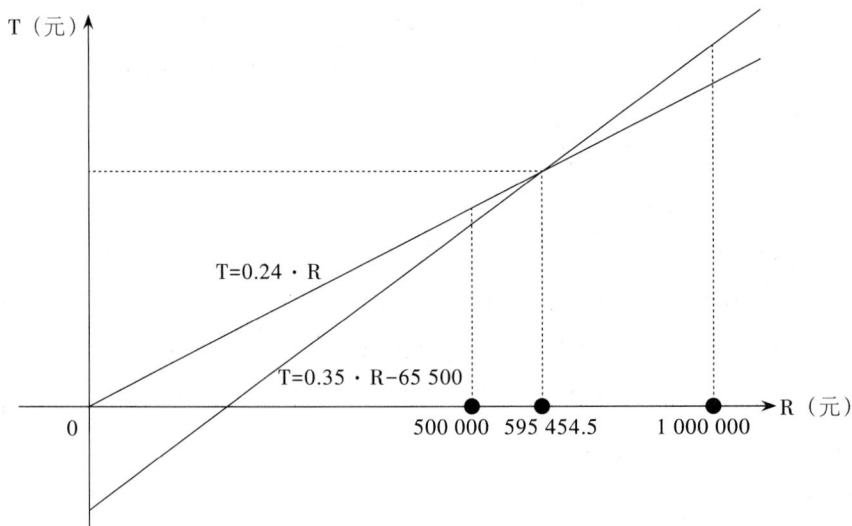

图 3-2　个人独资企业和小型微利企业税负比较

（500 000元＜R≤1 000 000元）

①当全年应纳税所得额=595 454.5元，个人独资企业税负与小型微利企业税负相等，既可以选择个人独资企业也可以选择小型微利企业；

②当500 000元＜全年应纳税所得额（R）≤595 454.5元，个人独资企业税负低于小型微利企业税负，选择个人独资企业；

③当595 454.5元＜全年应纳税所得额（R）≤1 000 000元，小型微利企业税负低于个人独资企业税负，选择小型微利企业。

（6）1 000 000元＜全年应纳税所得额（R）≤3 000 000元。

因为小型微利企业应纳税额（0.28·R-40 000）＜高新技术企业应纳税额（0.32·R）＜非小型微利、非高新技术企业应纳税额（0.4·R），所以只需要在个人独资企业与小型微利企业之间比较税负。

令：个人独资企业应纳税额=小型微利企业应纳税额

即0.35·R-65 500=0.28·R-40 000

R=364 285.71元

当1 000 000元＜R≤3 000 000元时，个人独资企业和小型微利企业应纳税额的比较如图3-3所示。因为1 000 000元＜R≤3 000 000元，R在平衡点364 285.71元的右侧，所以小型微利企业应纳税额比个人独资企业少，应当选择小型微利企业。

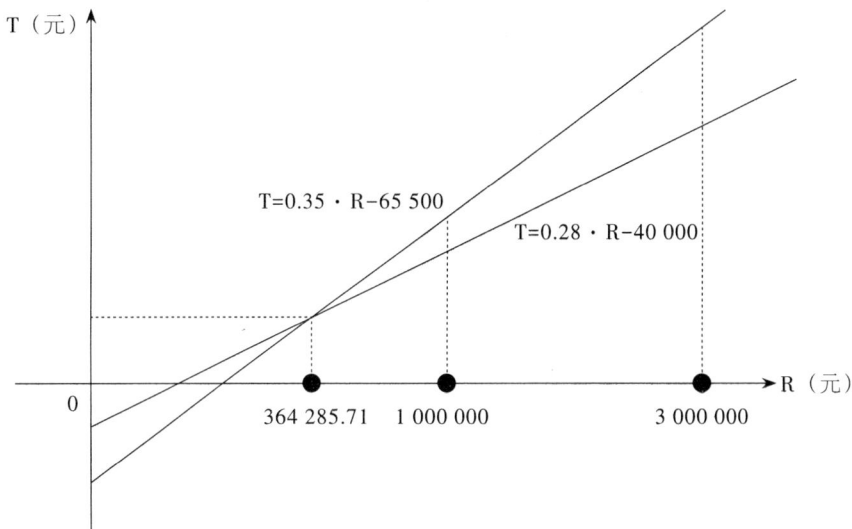

T（元）

T=0.35・R-65 500

T=0.28・R-40 000

0

364 285.71 1 000 000   3 000 000

R（元）

图3-3　个人独资企业和小型微利企业税负比较

（1 000 000元＜R≤3 000 000元）

（7）全年应纳税所得额（R）＞3 000 000元。

因为小型微利企业条件之一是年所得额不能超过3 000 000元，本区间不满足小型微利企业条件，所以本区间不需要小型微利企业参与比较。

①如果一人有限公司符合高新技术企业条件。

因为高新技术企业税负（0.32・R）一定小于非小型微利、非高新技术企业税负（0.4・R），所以只需要在个人独资企业与高新技术企业之间比较税负。

令：个人独资企业应纳税额=高新技术企业应纳税额

0.35・R-65 500=0.32・R

R=2 183 333.33元

当R＞3 000 000元时，个人独资企业和高新技术企业应纳税额的比较如图3-4所示。因为R＞3 000 000元，R在平衡点2 183 333.33元的右侧，所以高新技术企业应纳税额比个人独资企业应纳税额少，应当选择高新技术企业。

②如果一人有限公司不符合高新技术企业条件。

因为个人独资企业税负（0.35・R-65 500）肯定小于非小型微利、非高新技术企业税负（0.4・R），所以选择个人独资企业。

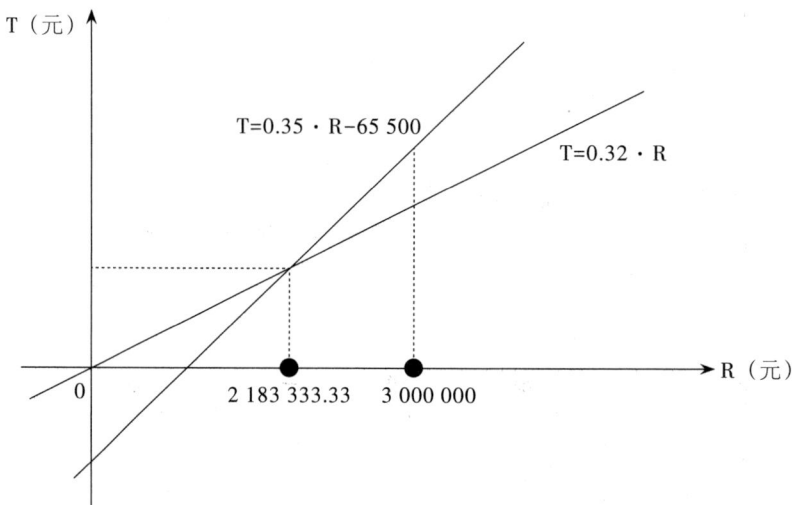

图3-4　个人独资企业和高新技术企业税负比较（R > 3 000 000元）

个人独资企业和一人有限责任公司税负比较见表3-9。

表3-9　　　　　个人独资企业和一人有限责任公司税负比较表

投资者个人分得的税前所得（元）	结论
［0，595 454.5）	个人独资企业税负较低
595 454.5	个人独资企业税负与小型微利企业税负相等
（595 454.5，3 000 000］	小型微利企业税负较低
（3 000 000，+∞）	（1）如果一人有限公司符合高新技术企业条件，高新技术企业税负较低 （2）如果一人有限公司不符合高新技术企业条件，个人独资企业税负较低

筹划案例3-11

2019年1月，自然人刘宏准备创办一家企业，经过刘宏的精心测算，预计每年的盈利额约为900 000元，符合小型微利企业的条件，利润900 000元全部分配。请筹划刘宏应设立一人有限责任公司还是个人独资企业。

【筹划策略】

根据表3-9，该企业符合小型微利企业标准。该企业每年的盈利额约为900 000元，大于595 454.5元小于3 000 000元，选择小型微利企业税负较低。

验算：

方案一：设立为个人独资企业。

个人独资企业应纳个人所得税=900 000×35%-65 500=249 500（元）

方案二：设立小型微利企业。

小型微利企业应纳税额=900 000×5%+900 000×（1-5%）×20%=216 000（元）

通过验算，方案二比方案一少缴纳所得税33 500元（249 500-216 000），所以选择方案二，设立小型微利企业。与筹划模型得出的筹划结论一致。

筹划案例3-12

自然人刘宏准备创办一家企业，经过刘宏的精心测算，预计每年的盈利额为3 100 000元，既不符合小型微利企业条件也不符合高新技术企业条件。请筹划刘宏应设立一人有限责任公司还是个人独资企业。

【筹划策略】

（一）利用表3-9的筹划结论

根据表3-9，该企业既不符合小型微利企业条件也不符合高新技术企业条件。该企业每年的盈利额约为3 100 000元，大于3 000 000元，选择个人独资企业税负较低。

（二）验算

方案一：设立为个人独资企业。

个人独资企业应纳个人所得税=3 100 000×35%-65 500=1 019 500（元）

方案二：设立一人有限责任公司。

一人有限责任公司应纳税额=3 100 000×25%+3 100 000×（1-25%）×20%

=1 240 000（元）

通过计算验证，方案一比方案二少缴纳所得税220 500元

（1 240 000-1 019 500），所以选择方案一，设立个人独资企业。与筹划模型得出的筹划结论一致。

第二节　人员结构的税务筹划

为了我国高新技术行业的发展，政府出台了国家重点扶持的高新技术企业企业所得税优惠政策。通过降低高新技术企业企业所得税税率，鼓励企业投资于高新技术企业。如果企业符合国家重点扶持的高新技术企业的条件，不仅会促进我国高新技术行业的发展，而且能够降低企业的税负。

企业所得税规定符合条件的国家重点扶持的高新技术企业可减按15%的税率征税。

国家高新技术企业认定条件：

（1）企业申请认定时须注册成立1年以上。

（2）在中国境内（不含港、澳、台地区）注册的企业，通过自主研发、受让、受赠、并购等方式，或通过5年以上的独占许可方式，对其主要产品（服务）的核心技术拥有自主知识产权的所有权，且达到下列其中一项数量要求：①发明专利、植物新品种、国家新药、国家级农作物品种、国家一级中药保护品种、集成电路布图设计专有权1件以上；②实用新型专利6件以上；③非简单改变产品图案和形状的外观设计专利（主要是指运用科学和工程技术的方法，经过研究与开发过程得到的外观设计）或者软件著作权7件以上。

（3）对企业主要产品（服务）发挥核心支持作用的技术属于《2016年国家重点支持的高新技术领域目录》规定的范围。

（4）企业从事研发和相关技术创新活动的科技人员占企业当年职工总数的比例不低于10%。

（5）企业近3个会计年度（实际经营期不满3年的按实际经营时间计算，下同）的研究开发费用总额占同期销售收入总额的比例符合如下要求：

第一，最近一年销售收入小于5 000万元（含）的企业，比例不低于5%；

第二，最近一年销售收入在5 000万元至2亿元（含）的企业，比例不低于4%；

第三，最近一年销售收入在2亿元以上的企业，比例不低于3%。

其中，企业在中国境内发生的研究开发费用总额占全部研究开发费用总额的比例不低于60%。（委托外部研究开发费用的实际发生额应按照独立交易原则确定，按照实际发生额的80%计入委托方研发费用总额）

（6）近一年高新技术产品（服务）收入占企业同期总收入的比例不低于60%。

（7）企业创新能力评价应达到相应要求。

（8）企业申请认定前一年内未发生重大安全、重大质量事故或严重环境违法行为。

筹划案例3-13

新兴公司主要从事电子信息服务，新兴公司有自己的专利技术，拥有软件著作权10件，预计未来研究开发费用总额占同期销售收入5%以上，预计信息技术服务收入占企业总收入80%以上，准备招聘员工100人，公司从事研发和相关技术创新活动的科技人员数量为9人。请对新兴公司人员结构进行税务筹划。

【筹划策略】

新兴公司拥有软件著作权10件，符合国家高新技术企业认定的第二个条件；主要从事电子信息服务，属于《2016年国家重点支持的高新技术领域目录》规定的范围，符合国家高新技术企业认定的第三个条件；预计未来研究开发费用总额占同期销售收入5%以上，符合国家高新技术企业认定第五个条件；预计信息技术服务收入占企业总收入80%以上，符合国家高新技术企业认定的第六个条件。若第七、第八个条件已满足，只要招聘的人员符合国家高新技术企业认定条件，新兴公司就可以在注册成立一年以后申请为国家重点扶持的高新技术企业，享受15%的企业所得税优惠税率。

（一）建立科技人员数量模型

从事研发和相关技术创新活动的科技人员=100×10%=10（人）

（二）模型结论

1.当新兴公司从事研发和相关技术创新活动的科技人员大于等于10人，同时满足国家高新技术企业认定的其他条件时，新兴公司企业所得税税率为15%；

2.当新兴公司从事研发和相关技术创新活动的科技人员小于10人，或不再满足国家高新技术企业认定的其他条件，新兴公司企业所得税税率为25%。

（三）利用科技人员数量模型的筹划结论

方案一：

公司从事研发和相关技术创新活动的科技人员数量为9人小于10人，新兴公司企业所得税税率为25%。

方案二：

公司再引进一位从事研发和相关技术创新活动的科技人员，科技人员数量增加到10人，新兴公司企业所得税税率为15%。

（四）验算

通过验算，方案二新兴公司符合国家高新技术企业认定的全部条件，企业所得税税率由25%调整为15%，企业所得税税负降低，所以应当选择方案二。与科技人员数量模型得出的筹划结论一致。

第三节　筹资业务税务筹划

经营性租赁是指出租人向承租人提供设备的使用权，并承担设备过时风险的一种中短期筹资与筹物相结合的经济活动。经营租赁对出租方和承租方都有好处：对于出租方而言，可以获得租金收入；对于承租方而言，增加了一个筹措资金的渠道，可以减轻投资的巨大压力，租赁办理手续比借款办理手续简单，支付的租金可以抵税。

企业在生产经营过程中需要大量固定资产，但是企业资金不足，企业会采用贷款购买和租赁两种方式取得固定资产。贷款购买固定资产，企业可以在企业所得税前扣除贷款的利息，固定资产的成本不能税前一次扣除，需要通过摊销折旧分期扣除固定资产成本。企业从外部租赁固定资产在企业所得税前可以扣除固定资产的租金。

筹划案例3-14

新兴运输公司为了拓展业务范围，准备新增一批运输车辆。由于新增车辆，预计每年运输收入会增加800万元。新兴运输公司购置车辆的价值是1 200万元，但是资金不足，有下面两种筹资方案：

方案一：向银行借款1 200万元购买车辆，借款年利率10%；

方案二：租赁车辆，租赁期5年，每年需支付300万元的租金。

该车辆采用直线法计提折旧，预计5年后净残值为0，企业所得税税率25%。请对新兴运输公司的筹资方案进行税务筹划。

【筹划策略】

（一）建立模型

建立租金模型，计算企业从外部租赁可以承受的最高租金。

如果提高租金，企业税后利润就会减少，就本案例而言，如果把租金看作一个变量，就存在一个租金临界点。

假设 W 为新兴运输公司每年支付的租金费用，Y 为税后利润。

情形一：向银行借款

每年支付的利息费用=1 200×10%=120（万元）

每年税前可以扣除的折旧=1 200÷5=240（万元）

每年税前会计利润=800-120-240=440（万元）

每年缴纳的企业所得税=440×25%=110（万元）

每年税后会计利润=440-110=330（万元）

情形二：租赁车辆

税后利润 Y_2=（800-W）·（1-25%）

令 $Y_1=Y_2$

（800-W）·（1-25%）=330

计算出平衡点：W=360万元

（二）模型结论

1.当租金费用等于360万元时（即W=360万元），租赁方式筹资和借款方式筹资都可以选择；

2.当租金费用低于360万元时（即W＜360万元），选择租赁方式筹资；

3.当租金费用超过360万元时（即W＞360万元），选择借款方式筹资。

（三）利用租金模型的筹划结论

本筹划案例每年租金费用300万元小于租金平衡点360万元，选择租赁方式筹资对企业更有利。

（四）验算

方案一：向银行借款。

每年支付的利息费用=1 200×10%=120（万元）

每年税前可以扣除的折旧=1 200÷5=240（万元）

每年税前会计利润=800-120-240=440（万元）

每年缴纳的企业所得税=440×25%=110（万元）

每年税后会计利润=440-110=330（万元）

方案二：租赁车辆。

每年税前会计利润=800-300=500（万元）

每年缴纳的企业所得税=500×25%=125（万元）

每年税后会计利润=500-125=375（万元）

通过验算，方案二比方案一每年税后利润增加45万元（375-330），5年共增加税后利润225万元（45×5），所以应当选择方案二，采用租赁方式取得车辆。与租金模型得出的筹划结论一致。

筹划案例3-15

新兴运输公司为了拓展业务范围，准备新增一批运输车辆。由于新增车辆，预计每年运输收入会增加800万元。新兴运输公司购置车辆的价值是1 200万元，但是资金不足，有下面两种筹资方案：

方案一：向银行借款1 200万元购买车辆，借款年利率10%；

方案二：租赁车辆，租赁期5年，每年需支付400万元的租金。

该车辆采用直线法计提折旧，预计5年后净残值为0，企业所得税税率25%。请对新兴运输公司的筹资方案进行税务筹划。

【筹划策略】

（一）利用【筹划案例3-14】租金模型的筹划结论

本筹划案例每年租金费用400万元大于租金平衡点360万元，选择借款方式筹资对企业更有利。

（二）验算

方案一：向银行借款。

每年支付的利息费用=1 200×10%=120（万元）

每年税前可以扣除的折旧=1 200÷5=240（万元）

每年税前会计利润=800-120-240=440（万元）

每年缴纳的企业所得税=440×25%=110（万元）

每年税后会计利润=440-110=330（万元）

方案二：租赁车辆。

每年税前会计利润=800-400=400（万元）

每年缴纳的企业所得税=400×25%=100（万元）

每年税后会计利润=400-100=300（万元）

通过验算，方案一比方案二每年税后利润增加30万元（330-300），五年共增加税后利润150万元（30×5），所以应当选择方案一，采用向银行借款取得车辆。与租金模型得出的筹划结论一致。

第四节　投资业务税务筹划

投资是指为获得预期收益将货币资金、存货、不动产、劳动力、技术等资本投入企业的行为。企业投资主要是为了实现企业价值最大化，增强企业的综合实力。投资报酬率的高低关系到企业价值的高低，而税收是影响投资报酬的重要因素之一。投资依据投资对象的不同分为国债投资、股票投资、外汇投资、基金投资等。下面分析国债投资和其他债券投资的税务筹划。

一、建立模型

企业在进行投资时，不能单纯看利率的高低，应当看税后收入的高低。下面建立投资收益平衡点模型。

假设 M 为企业投资金额，A 为国债的年利率，B 为其他债券的年利率。

国债税后利息收入=M·A

其他债券税后利息收入=M·B·（1-25%）

令：国债税后利息收入=其他债券税后利息收入

即 M·A=M·B·（1-25%）

解得：A∶B =0.75

二、结论

（1）当国债利率与其他债券利率的比例等于 0.75 时（即 A∶B = 0.75），国债税后收益等于其他债券税后收益，既可以选择购买国债也可以选择购买其他债券；

（2）当国债利率与其他债券利率的比例小于 0.75 时（即 A∶B < 0.75），其他债券税后收益高于国债税后收益，应当选择购买其他债券；

（3）当国债利率与其他债券利率的比例大于 0.75 时（即 A∶B > 0.75），国债税后收益高于其他债券税后收益，应当选择购买国债。

三、模型应用

筹划案例3-16

新兴公司计划投资 1 000 万元，现有两个投资方案，投资期限都是 1 年，企业所得税税率 25%。

方案一：投资购买国债，年利率 6%。

方案二：投资购买国家重点建设债券，年利率 7%。

请对上述两种投资方案进行税务筹划。

【筹划策略】

（一）利用筹划模型的筹划结论

本案例国债利率与其他债券利率的比例为 0.86（6%÷7%）大于 0.75，应当选择购买国债。

（二）验算

方案一：投资购买国债。

国债利息收入=1 000×6%=60（万元）

企业所得税法规定国债利息收入为免税收入。

方案二：投资购买国家重点建设债券。

建设债券利息收入=1 000×7%=70（万元）

缴纳企业所得税=70×25%=17.5（万元）

税后国家重点建设债券利息收益=70-17.5=52.5（万元）

通过验算，方案一比方案二增加税后收益 7.5 万元（60-52.5），所以选择方案一购买国债，与利用筹划模型得出的税务筹划结论一致。

筹划案例 3-17

新兴公司计划投资 1 000 万元，现有两个投资方案，投资期限都是 1 年，企业所得税税率 25%。

方案一：投资购买国债，年利率 5%。

方案二：投资购买国家重点建设债券，年利率 7%。

请对上述两种投资方案进行税务筹划。

【筹划策略】

（一）利用筹划模型的筹划结论

本案例国债利率与其他债券利率的比例为 0.71（5%÷7%）小于 0.75，应当选择购买国家重点建设债券。

（二）验算

方案一：投资购买国债。

国债利息收入=1 000×5%=50（万元）

企业所得税法规定国债利息收入为免税收入。

方案二：投资购买国家重点建设债券。

建设债券利息收入=1 000×7%=70（万元）

缴纳企业所得税=70×25%=17.5（万元）

税后国家重点建设债券利息收益=70-17.5=52.5（万元）

通过验算，方案二比方案一增加税后收益 2.5 万元（52.5-50），所以选择方案二购买国家重点建设债券，与利用筹划模型得出的税务筹划结论一致。

第四章　企业成长期的税务筹划

第一节　采购环节的税务筹划

采购是指企业在一定的条件下从供应市场获取产品或服务作为企业资源，以保证企业生产及经营活动正常开展的一项企业经营活动。企业在采购过程中对供应商的选择、采购定价的选择、采购方式的选择、不同采购对象采购策略的安排，都会直接影响企业的税负或利润，因此企业对采购环节进行税务筹划是十分必要的。

一、采购价格的税务筹划

目前反映企业收益质量的指标通常有净利润和现金净流量两种。企业向一般纳税人采购和向小规模纳税人采购时，所负担的增值税不同，但是在计算净利润（净利润是指不含税收入扣除不含税成本、城市维护建设税、教育费附加、地方教育附加、企业所得税后的数额）时通常不考虑增值税因素，所以"净利润"不能够全面反映企业收益质量。企业现金净流量是指现金流入量扣除现金流出量。因为企业实际缴纳的增值税属于现金流出量，实际缴纳的增值税会对现金净流量产生直接影响，所以本书认为衡量企业收益质量时应当重点考虑"现金净流量"，在进行税务筹划时纳税人应当选择现金净流量最大的采购价格①。

当供应商为小规模纳税人时，因为不能抵扣进项税额，只要直接比较采购价格即可。采购价格越低企业现金流出量越少，企业现金净流量越大，所以选择较低的采购价格对企业有利。

当企业为一般纳税人时，从小规模纳税人采购取得的增值税普通发票不能作为销项税额抵扣的凭证，企业为此需要负担较多的增值税。即使小规模纳税人自行开具或者委托税务机关代开专用发票，因为小规模纳税人的征收率（3%）低于一般纳税人的税率（13%、9%和6%），所以当企业向一般纳税人采购和向小规模纳税人采购的价格一样时，向小规模纳税人采购比向一般纳税人采购抵扣的进项税额少，在销项税额不变的情况下，向小规模纳税人采购纳税人会多缴纳增值税，进而增加纳税人现金流出量，减少纳税人净现金流量。因此，在一般情况下，企业选择向一般纳税人采购。但是在实际交易中，有的小规模纳税人为了留住顾客，采用降低价格的方法进行销售。企业有可能以较低的价格选择向小规模纳税人采购，同样可以增加现金净流量。下面主要从现金净流量的角度分析向小规模纳税人采购的价格低于向一般纳税人采购的价格时，一般纳税人如何选择供应商。

（一）现金净流量的计算

纳税人的采购业务属于经营活动，因此应当计算经营活动的现金净流量。

$$经营活动的现金净流量 = 含税销售额 - 含税购进额 - 实际缴纳的增值税、城市维护建设税、教育费附加和地方教育附加 - 实际缴纳的企业所得税$$

其中：

实际缴纳的增值税、城市维护建设税、教育费附加和地方教育附加

=实际缴纳的增值税+实际缴纳的城市维护建设税②、教育费附加和地方教育附加

---

① 享受增值税加计抵减优惠政策的纳税人采购价格税务筹划方法与此类似，不再赘述。

② 本书仅按照纳税人城市维护建设税税率适用7%的税务筹划方法分析，纳税人城市维护建设税税率适用5%和1%的税务筹划方法与纳税人城市维护建设税税率适用7%的税务筹划方法相同，不再赘述。

=实际缴纳的增值税+实际缴纳的增值税×（7%+3%+2%）

=实际缴纳的增值税×1.12

$$现金净流量=含税销售额-含税购进额-实际缴纳的增值税×1.12\%-应纳税所得额×25\%$$

1.向一般纳税人采购的现金净流量的计算

一般纳税人向一般纳税人采购，取得专用发票，进项税额可以抵扣。

假设 N_1 为一般纳税人向一般纳税人采购取得专用发票时的现金净流量，S 为销售的含税收入，T_1 为销售的税率，P_1 为向一般纳税人采购取得专用发票的含税成本，T_2 为采购的税率。一般纳税人现金净流量的计算过程如下：

$$N_1=S-P_1-［S÷（1+T_1）·T_1-P_1÷（1+T_2）·T_2］·1.12-\{S÷（1+T_1）-P_1÷（1+T_2）-［S÷（1+T_1）·T_1-P_1÷（1+T_2）·T_2］·0.12\}·0.25$$

推导得出：

$$N_1=（0.75-0.09·T_1）÷（1+T_1）·S-（0.75-0.09·T_2）÷（1+T_2）·P_1$$

2.向小规模纳税人采购取得专用发票的现金净流量的计算

根据国家税务总局 2019 年 8 月 13 日发布的《国家税务总局关于实施第二批便民办税缴费新举措的通知》（税总函〔2019〕243 号）的规定，国家税务总局进一步扩大了小规模纳税人自行开具增值税专用发票的范围，小规模纳税人（其他个人除外）发生增值税应税行为、需要开具增值税专用发票的，可以自愿使用增值税发票管理系统自行开具。所以纳税人向小规模纳税人采购可以取得专用发票。

假设 N_2 为一般纳税人向小规模纳税人采购取得专用发票时的现金净流量，S 为销售的含税收入，T_1 为销售税率，P_2 为向小规模纳税人（征收率为3%）采购取得专用发票的含税成本。一般纳税人现金净流量的计算过程如下：

$$N_2=S-P_2-［S÷（1+T_1）·T_1-P_2÷（1+3\%）·3\%］·1.12-\{S÷（1+T_1）-P_2÷（1+3\%）-［S÷（1+T_1）·T_1-P_2÷（1+3\%）·3\%］·0.12\}·0.25$$

推导得出：

$$N_2=（0.75-0.09·T_1）÷（1+T_1）·S-0.7255·P_2$$

3.向小规模纳税人采购取得增值税普通发票的现金净流量的计算

假设 N_3 为一般纳税人向小规模纳税人采购取得增值税普通发票时的现金净流量，S 为销售的含税收入，T_1 为销售的税率，P_3 为采购业务取得普通发票的含税成本。一般纳税人现金净流量的计算过程如下：

$N_3 = S - P_3 - S \div (1+T_1) \cdot T_1 \cdot 1.12 - [S \div (1+T_1) - P_3 - S \div (1+T_1) \cdot T_1 \cdot 0.12] \cdot 0.25$

推导得出：

$N_3 = (0.75 - 0.09 \cdot T_1) \div (1+T_1) \cdot S - 0.75 \cdot P_3$

通过计算，上述三种情况计算出的现金净流量都有相同的部分"$(0.75 - 0.09 \cdot T_1) \div (1+T_1) \cdot S$"，所以现金净流量大小的比较结果只与采购业务的价格（P_1、P_2、P_3）和采购货物或服务适用的税率（T_2）有关，与销售的价格（S）和销售适用的税率（T_1）无关。

（二）现金净流量平衡点价格比的计算

采购价格税务筹划的方法是通过比较不同方案的现金净流量，选择一个现金净流量最大的方案为最佳方案。对上述三种采购情况，两两组合，计算每个组合的现金净流量平衡点价格比。

1.向一般纳税人采购取得专用发票与向小规模纳税人采购取得专用发票的比较分析

$N_1 - N_2 = [(0.75 - 0.09 \cdot T_1) \div (1+T_1) \cdot S - (0.75 - 0.09 \cdot T_2) \div (1+T_2) \cdot P_1] - [(0.75 - 0.09 \cdot T_1) \div (1+T_1) \cdot S - 0.7255 \cdot P_2]$

$N_1 - N_2 = 0.7255 \cdot P_2 - (0.75 - 0.09 \cdot T_2) \div (1+T_2) \cdot P_1$

当 $N_1 - N_2 = 0$ 时，P_2 与 P_1 的比值为现金净流量平衡点价格比。

即 $0.7255 \cdot P_2 - (0.75 - 0.09 \cdot T_2) \div (1+T_2) \cdot P_1 = 0$

推导得出：

$$\frac{P_2}{P_1} = \frac{0.75 - 0.09T_2}{0.7255 \cdot (1+T_2)}$$

当 $T_2 = 13\%$，现金净流量平衡点价格比 = $P_2 : P_1 = 90.06\%$；

当 $T_2 = 9\%$，现金净流量平衡点价格比 = $P_2 : P_1 = 93.82\%$；

当 $T_2 = 6\%$，现金净流量平衡点价格比 = $P_2 : P_1 = 96.82\%$。

模型结论1：

一般纳税人向一般纳税人采购取得专用发票与向小规模纳税人采购

取得专用发票的现金净流量比较分析：

（1）向一般纳税人采购取得13%专用发票的情形。

当向小规模纳税人采购的价格为向一般纳税人采购的价格的90.06%时（即P_2：P_1=90.06%），无论向一般纳税人还是向小规模纳税人采购，一般纳税人现金净流量相等；当向小规模纳税人采购的价格低于向一般纳税人采购的价格的90.06%时（即P_2：P_1＜90.06%），向小规模纳税人采购的现金净流量大于向一般纳税人采购的现金净流量，选择向小规模纳税人采购；当向小规模纳税人采购的价格高于向一般纳税人采购的价格的90.06%时（即P_2：P_1＞90.06%），向一般纳税人采购的现金净流量大于向小规模纳税人采购的现金净流量，选择向一般纳税人采购。

（2）向一般纳税人采购取得9%专用发票的情形。

当向小规模纳税人采购的价格为向一般纳税人采购的价格的93.82%时（即P_2：P_1=93.82%），无论向一般纳税人还是向小规模纳税人采购，一般纳税人现金净流量相等；当向小规模纳税人采购的价格低于向一般纳税人采购的价格的93.82%时（即P_2：P_1＜93.82%），向小规模纳税人采购的现金净流量大于向一般纳税人采购的现金净流量，选择向小规模纳税人采购；当向小规模纳税人采购的价格高于向一般纳税人采购的价格的93.82%时（即P_2：P_1＞93.82%），向一般纳税人采购的现金净流量大于向小规模纳税人采购的现金净流量，选择向一般纳税人采购。

（3）向一般纳税人采购取得6%专用发票的情形。

当向小规模纳税人采购的价格为向一般纳税人采购的价格的96.82%时（即P_2：P_1=96.82%），无论向一般纳税人还是向小规模纳税人采购，一般纳税人现金净流量相等；当向小规模纳税人采购的价格低于向一般纳税人采购的价格的96.82%时（即P_2：P_1＜96.82%），向小规模纳税人采购的现金净流量大于向一般纳税人采购的现金净流量，选择向小规模纳税人采购；当向小规模纳税人采购的价格高于向一般纳税人采购的价格的96.82%时（即P_2：P_1＞96.82%），向一般纳税人采购的现金净流量大于向小规模纳税人采购的现金净流量，选择向一般纳税人采购。

2.向一般纳税人采购取得专用发票与向小规模纳税人采购取得增值税普通发票的比较分析

$N_1-N_3=$ [$(0.75-0.09 \cdot T_1) \div (1+T_1) \cdot S- (0.75-0.09 \cdot T_2) \div (1+T_2) \cdot P_1$] $-$ [$(0.75-0.09 \cdot T_1) \div (1+T_1) \cdot S-0.75 \cdot P_3$]

$N_1-N_3=0.75 \cdot P_3- (0.75-0.09 \cdot T_2) \div (1+T_2) \cdot P_1$

当 $N_1-N_3=0$ 时，P_2 与 P_1 的比值为现金净流量平衡点价格比。

即 $0.75 \cdot P_3- (0.75-0.09 \cdot T_2) \div (1+T_2) \cdot P_1=0$

推导得出：

$$\frac{P_3}{P_1} = \frac{0.75 - 0.09T_2}{0.75 \cdot (1 + T_2)}$$

当 $T_2=13\%$，现金净流量平衡点价格比 $=P_3 : P_1=87.12\%$；

当 $T_2=9\%$，现金净流量平衡点价格比 $=P_3 : P_1=90.75\%$；

当 $T_2=6\%$，现金净流量平衡点价格比 $=P_3 : P_1=93.66\%$。

模型结论2：

一般纳税人向一般纳税人采购取得专用发票与向小规模纳税人采购取得增值税普通发票的现金净流量比较分析：

（1）向一般纳税人采购取得13%专用发票的情形。

当向小规模纳税人采购的价格为向一般纳税人采购价格的87.12%时（即 $P_3 : P_1=87.12\%$），无论向一般纳税人还是向小规模纳税人采购，一般纳税人现金净流量相等；当向小规模纳税人采购的价格低于向一般纳税人采购价格的87.12%时（即 $P_3 : P_1 < 87.12\%$），向小规模纳税人采购的现金净流量大于向一般纳税人采购的现金净流量，选择向小规模纳税人采购；当向小规模纳税人采购的价格高于向一般纳税人采购的价格的87.12%时（即 $P_3 : P_1 > 87.12\%$），向一般纳税人采购的现金净流量大于向小规模纳税人采购的现金净流量，选择向一般纳税人采购。

（2）向一般纳税人采购取得9%专用发票的情形。

当向小规模纳税人采购的价格为向一般纳税人采购的价格的90.75%时（即 $P_3 : P_1=90.75\%$），无论向一般纳税人还是向小规模纳税人采购，一般纳税人现金净流量相等；当向小规模纳税人采购的价格低于向一般纳税人采购的价格的90.75%时（即$P_3 : P_1 < 90.75\%$），向小规模纳税人采购的现金净流量大于向一般纳税人采购的现金净流量，选择向小规模纳税人采购；当向小规模纳税人采购的价格高于向一般纳税人采购的价格的90.75%时（即$P_3 : P_1 > 90.75\%$），向一般纳税人采购的现金净流量大于向小规模纳税人采购的现金净流量，选择向一般纳税人采购。

（3）向一般纳税人采购取得6%专用发票的情形。

当向小规模纳税人采购的价格为向一般纳税人采购的价格的93.66%时（即$P_3 : P_1 = 93.66\%$），无论向一般纳税人还是向小规模纳税人采购，一般纳税人现金净流量相等；当向小规模纳税人采购的价格低于向一般纳税人采购价格的93.66%时（即$P_3 : P_1 < 93.66\%$），向小规模纳税人采购的现金净流量大于向一般纳税人采购的现金净流量，选择向小规模纳税人采购；当向小规模纳税人采购的价格高于向一般纳税人采购的价格的93.66%时（即$P_3 : P_1 > 93.66\%$），向一般纳税人采购的现金净流量大于向小规模纳税人采购的现金净流量，选择向一般纳税人采购。

3. 向小规模纳税人采购取得专用发票与向小规模纳税人采购取得增值税普通发票的比较分析

$$N_2 - N_3 = \left[(0.75 - 0.09 \cdot T_1) \div (1 + T_1) \cdot S - 0.7255 \cdot P_2 \right] - \left[(0.75 - 0.09 \cdot T_1) \div (1 + T_1) \cdot S - 0.75 \cdot P_3 \right]$$

$$N_2 - N_3 = 0.75 \cdot P_3 - 0.7255 \cdot P_2$$

当$N_2 - N_3 = 0$时，N_3与N_2的比值为现金净流量平衡点价格比。

即$0.75 \cdot P_3 - 0.7255 \cdot P_2 = 0$

推导得出：

现金净流量平衡点价格比 = $P_3 : P_2 = 96.73\%$

模型结论3：

一般纳税人向小规模纳税人采购取得专用发票与向小规模纳税人采购取得增值税普通发票的现金净流量比较分析：

当取得增值税普通发票采购的价格为专用发票采购的价格的96.73%时（即$P_3 : P_2 = 96.73\%$），取得普通发票与取得专用发票的现金净流量相等；当取得普通发票采购的价格低于专用发票采购的价格的96.73%时（即$P_3 : P_2 < 96.73\%$），取得普通发票的现金净流量大于取得

专用发票的现金净流量，选择向小规模纳税人采购取得普通发票的采购价格；当取得普通发票采购的价格高于专用发票采购的价格的96.73%时（即$P_3 : P_2 > 96.73\%$），取得专用发票的现金净流量大于取得普通发票的现金净流量，选择向小规模纳税人采购取得专用发票的采购价格。

（三）模型应用

筹划案例4-1

新兴公司为增值税一般纳税人，适用13%的增值税税率，采购10吨原材料，有下面三个供应商可以选择：

A.供应商为增值税一般纳税人，适用13%的增值税税率，每吨原材料含税价格为11 600元；

B.供应商为增值税小规模纳税人，每吨原材料含税价格为10 000元，可以取得增值税专用发票；

C.供应商为增值税小规模纳税人，每吨原材料含税价格为9 900元，只能取得增值税普通发票。

另外，新兴公司销售该原材料生产产品的含税收入为348 000元。

请对新兴公司的三个供应商进行税务筹划。

【筹划策略】

（一）利用筹划模型的筹划结论

设A供应商的采购价格为P_1：P_1=11 600元

设B供应商的采购价格为P_2：P_2=10 000元

设C供应商的采购价格为P_3：P_3=9 900元

$P_2 : P_1$=10 000 : 11 600=86.21%，小于结论1的第一种情形对应的现金净流量平衡点价格比90.06%，选择B供应商比选择A供应商能够给新兴公司带来更多的现金净流量。

$P_3 : P_2$=9 900 : 10 000=99%，大于结论3的现金净流量平衡点价格比96.73%，选择B供应商比选择C供应商能够给新兴公司带来更多的现金净流量。

B供应商能够给新兴公司带来最大的现金净流量，因此新兴公司应当选择B供应商。

（二）验算

选择 A 供应商新兴
公司现金净流量 $=348\,000-11\,600\times10-(348\,000\div1.13\times13\%-11\,600\times10\div1.13\times$

$13\%)\times1.12-[348\,000\div1.13-11\,600\times10\div1.13-(348\,000\div1.13\times$

$13\%-11\,600\times10\div1.13\times13\%)\times12\%]\times25\%=151\,580.18$（元）

选择 B 供应商新兴
公司现金净流量 $=348\,000-10\,000\times10-(348\,000\div1.13\times13\%-10\,000\times10\div1.03\times$

$3\%)\times1.12-[348\,000\div1.13-10\,000\times10\div1.03-(348\,000\div1.13\times$

$13\%-10\,000\times10\div1.03\times3\%)\times12\%]\times25\%=154\,816.87$（元）

选择 C 供应商新兴
公司现金净流量 $=348\,000-9\,900\times10-348\,000\div1.13\times13\%\times1.12-(348\,000\div1.13-$

$9\,900\times10-348\,000\div1.13\times13\%\times12\%)\times25\%=153\,120.27$（元）

通过验算，选择 B 供应商时，新兴公司现金净流量最大，所以选择 B 供应商。与筹划模型得出的筹划结论一致。

二、购买车辆的税务筹划

纳税人购置车辆需要缴纳车辆购置税，因此购置车辆税务筹划的重点是对车辆购置税进行税务筹划。车辆购置税是对在境内购置规定车辆的单位和个人征收的一种税。

（一）税收法规

1.车辆购置税的纳税人

在中华人民共和国境内购置汽车、有轨电车、汽车挂车、排气量超过一百五十毫升的摩托车（以下统称应税车辆）的单位和个人，为车辆购置税的纳税人，应当依照《中华人民共和国车辆购置税法》的规定缴纳车辆购置税。

2.车辆购置税的税率

车辆购置税实行统一比例税率，税率为10%。

3.车辆购置税的计税依据

（1）纳税人购买自用应税车辆的计税价格，为纳税人实际支付给销售者的全部价款，不包括增值税税款；

（2）纳税人进口自用应税车辆的计税价格，为关税完税价格加上关税和消费税；

（3）纳税人自产自用应税车辆的计税价格，按照纳税人生产的同类应税车辆的销售价格确定，不包括增值税税款；

（4）纳税人以受赠、获奖或者其他方式取得自用应税车辆的计税价格，按照购置应税车辆时相关凭证载明的价格确定，不包括增值税税款。

纳税人可以通过缩小车辆购置税计税依据降低车辆购置税。

（二）建立模型

下面建立汽车的定价模型，计算平衡点处的采购价格。

假设 M 为从小规模纳税人处采购的含税价格，N 为从一般纳税人处采购的含税价格。

从小规模纳税人处购买车辆的车款和应缴纳的车辆购置税=M+M÷（1+3%）×10%

从一般纳税人处购买车辆的车款和应缴纳的车辆购置税=N+N÷（1+13%）×10%

令从小规模纳税人处购买车辆的车款和应缴纳的车辆购置税等于从一般纳税人处购买车辆的车款和应缴纳的车辆购置税。

M+M÷（1+3%）×10%= N+N÷（1+13%）×10%

解得：M∶N=99.22%

（三）模型结论

（1）小规模纳税人报价等于一般纳税人报价的99.22%时（即M∶N=99.22%），可以向一般纳税人或向小规模纳税人购买汽车；

（2）小规模纳税人报价高于一般纳税人报价的99.22%时（即M∶N＞99.22%），应向一般纳税人购买汽车；

（3）小规模纳税人报价低于一般纳税人报价的99.22%时（即M∶N＜99.22%），应向小规模纳税人购买汽车。

（四）模型应用

筹划案例4-2

2020年6月，新兴公司准备购买一辆40万元左右的奔驰商用汽车。有两个方案：

方案一：从汽车销售公司（小规模纳税人）购买车辆，报价452 000元。

方案二：从奔驰汽车4S店（一般纳税人）购买车辆，报价452 000元。

请对新兴公司购买汽车业务进行税务筹划。

【筹划策略】

（一）利用筹划模型的筹划结论

本案例小规模纳税人报价和一般纳税人报价相等，即M：N=100%，大于99.22%，应当选择向一般纳税人购买汽车。

（二）验算

方案一：从汽车销售公司（小规模纳税人）购买车辆，报价452 000元。

新兴公司购买车辆的车款和
应缴纳的车辆购置税 =452 000+452 000÷（1+3%）×10%=495 883.50（元）

方案二：从奔驰汽车4S店（一般纳税人）购买车辆，报价452 000元。

新兴公司购买车辆的车款和
应缴纳的车辆购置税 =452 000+452 000÷（1+13%）×10%=492 000（元）

通过验算，方案二比方案一少支付3 883.5元（495 883.50-492 000），所以应当选择方案二，向一般纳税人购买车辆。与筹划模型得出的筹划结论一致。

筹划案例4-3

2020年6月，新兴公司准备购买一辆40万元左右的奔驰商用汽车。有两个方案：

方案一：从汽车销售公司（小规模纳税人）购买车辆，报价448 000元。

方案二：从奔驰汽车4S店（一般纳税人）购买车辆，报价452 000元。

请对新兴公司购买汽车业务进行税务筹划。

【筹划策略】

（一）利用筹划模型的筹划结论

本案例小规模纳税人报价和一般纳税人报价比=448 000÷452 000=

99.12%＜99.22%，应当选择向小规模纳税人购买汽车。

（二）验算

方案一：从汽车销售公司（小规模纳税人）购买车辆，报价448 000元。

新兴公司购买车辆的车款和
应缴纳的车辆购置税 =448 000+448 000÷（1+3%）×10%=491 495.15（元）

方案二：从奔驰汽车4S店（一般纳税人）购买车辆，报价452 000元。

新兴公司购买车辆的车款和
应缴纳的车辆购置税 =452 000+452 000÷（1+13%）×10%=492 000（元）

通过验算，方案一比方案二少支付504.85元（492 000-491 495.15），所以应当选择方案一，向小规模纳税人购买车辆，与筹划模型得出的筹划结论一致。

第二节　生产环节的税务筹划

固定资产修理是企业在生产过程中经常遇到的情况。固定资产的修理支出分为固定资产日常修理支出和固定资产大修理支出。固定资产日常修理支出，是指固定资产发生的日常修理费；固定资产大修理支出，是指为恢复固定资产的性能，对固定资产进行大部分或全部的修理发生的支出。现行企业所得税法规定，固定资产日常修理支出允许税前一次扣除；固定资产大修理支出不允许税前一次扣除，需要分期扣除。在企业盈利的情况下，固定资产大修理支出分期扣除对纳税人不利，因此，纳税人应尽量避免发生固定资产大修理支出。

筹划案例4-4

新兴公司对价值199万元的旧生产设备进行大修理，大修理过程中耗用材料费、配件费90万元，支付工人工资10万元，大修理总共支出100万元。生产设备预计大修理后使用年限延长5年，复利利率为10%、年利率10%、年限1年的年金现值系数为0.909，年利率10%、年限5年的年金现值系数为3.79，预计每年盈利都超过800万元。请对新兴公司固定资产大修理支出进行税务筹划。

【税收法规】

企业所得税法将大修理支出计入长期待摊费用。大修理支出，按照固定资产尚可使用年限分期摊销。企业所得税法所指固定资产的大修理支出，是指同时符合下列条件的支出：

（1）修理支出达到取得固定资产时的计税基础50%以上；

（2）修理后固定资产的使用年限延长2年以上。

固定资产的大修理支出，按照固定资产尚可使用年限分期摊销。

【筹划策略】

（一）建立模型

该生产设备日常修理临界点为99.5万元（199×50%）。

（二）模型结论

只要修理支出不超过临界点99.5万元就可以税前一次扣除。

（三）利用该生产设备日常修理临界点的筹划结论

若本案例修理支出为99.4万元，没有超过生产设备日常修理临界点99.5万元，可以税前一次扣除。

（四）验算

方案一：新兴公司对生产设备的大修理支出为100万元。

总的修理支出占设备原值的比例为50.25%（100÷199），超过50%，生产设备预计大修后使用年限延长5年，超过2年。因此应将100万元费用计入长期待摊费用，在以后的使用期限内逐年摊销。

每年摊销的大修理费用=100÷5=20（万元）

每年抵税=20×25%=5（万元）

抵税现值=5×3.79=18.95（万元）

方案二：新兴公司对生产设备的修理支出节省0.6万元，降至99.4万元（100−0.6）。

总的修理支出占设备原值的比例为49.95%（99.4÷199），没有超过50%，不符合大修理支出的条件。修理支出99.4万元就可以视为日常修理支出处理，99.4万元日常修理支出可以计入当期损益在企业所得税前扣除，当期可以抵税24.85万元（99.4×25%）。

抵税现值=24.85×0.909=22.59（万元）

通过验算，方案二比方案一抵税现值多 3.64 万元（22.59-18.95），所以选择方案二。与利用该生产设备日常修理临界点的筹划结论一致。

第三节　销售环节的税务筹划

一、产品定价的税务筹划

消费税在一个税目下面设立几个子税目，不同子税目适用不同税率，这为纳税人提供了消费税筹划的空间。

（一）啤酒定价的税务筹划

1.税收法规

啤酒消费税的税率为从量定额税率，啤酒消费税的税率见表4-1。

表4-1　　　　　　　　　　啤酒消费税税率表

税目	标准	税率
甲类啤酒	不含税出厂价(含包装物及包装物押金)≥3 000元/吨	250元/吨
乙类啤酒	不含税出厂价(含包装物及包装物押金)＜3 000元/吨	220元/吨

2.建立模型

建立啤酒价格模型，计算甲类啤酒价格临界点。所谓价格临界点，就是税法中规定的一些标准，包括一定的比例和数额，当销售额（营业额）或应纳税所得额或费用支出超过一定标准时，就应该依法纳税或按更高的税率纳税，从而使纳税人的税负大幅度上升；有时却相反，纳税人可以享受优惠，降低税负。由此产生了价格临界点，其本质就是当纳税人通晓税收临界点时，可以通过增减收入或支出来避免承担较重的税负。

甲类啤酒价格临界点是指当每吨甲类啤酒的税后利润等于每吨乙类啤酒（价格为 2 999 元）的税后利润时的甲类啤酒的价格。

假设P为每吨甲类啤酒税收临界点（因为P≥3 000 元，所以适用甲类啤酒税率250 元/吨），C为每吨啤酒的成本，R为每吨啤酒的税后利润。

（1）每吨甲类啤酒税收临界点为 P（P≥3 000）的税后利润的计算

每吨甲类啤酒应缴纳消费税250元。

每吨甲类啤酒应缴纳增值税=P×13%-C×13%

每吨甲类啤酒应缴纳城市维护建设税、
教育费附加和地方教育附加 ＝（250+P×13%-C×13%）×（7%+3%+2%）

＝（250+P×13%-C×13%）×12%

每吨啤酒税前利润=P-C-250-（250+P×13%-C×13%）×12%

每吨啤酒税后利润R_1=［P-C-250-（250+P×13%-C×13%）×12%］×（1-25%）

（2）每吨乙类啤酒定价为 2 999 元的税后利润的计算

每吨乙类啤酒应缴纳消费税220元。

每吨乙类啤酒应缴纳增值税=2 999×13%-C×13%

每吨乙类啤酒应缴纳城市维护建设税、
教育费附加和地方教育费附加 ＝（220+2 999×13%-C×13%）×（7%+3%+2%）

＝（220+2 999×13%-C×13%）×12%

每吨啤酒税前利润=2 999-C-220-（220+2 999×13%-C×13%）×12%

每吨啤酒税后利润R_2=［2 999-C-220-（220+2 999×13%-C×13%）×12%］×（1-25%）

（3）令 R_1=R_2

［P-C-250-（250+P×13%-C×13%）×12%］×（1-25%）=［2 999-C-220-
（220+2 999×13%-C×13%）×12%］×（1-25%）

得出甲类啤酒每吨价格临界点：P=3 033.13元

3.模型结论

（1）当每吨甲类啤酒定价为3 033.13元时（即 P=3 033.13元），其与每吨乙类啤酒定价为2 999元的税后利润相等，每吨定价为3 033.13元或2 999元；

（2）当每吨甲类啤酒的定价在3 000元到3 033.13元时（即3 000元≤P<3 033.13元），其税后利润小于每吨乙类啤酒定价为2 999元的税后利润，不如将每吨啤酒的价格降为2 999元；

（3）当每吨甲类啤酒的定价大于3 033.13元时（即 P>3 033.13元），其税后利润大于每吨乙类啤酒定价为2 999元的税后利润，每吨定价应大于3 033.13元。

4.模型应用

筹划案例 4-5

北京市新兴啤酒厂生产销售某品牌啤酒，每吨出厂不含税价格为3 020元，与此相关的成本费用为2 400元。请对新兴啤酒厂的啤酒定价进行税务筹划。

【筹划策略】

（一）利用啤酒价格模型的筹划结论

新兴啤酒厂每吨啤酒出厂不含税价格为3 020元，大于3 000元小于3 033.13元，应当将每吨啤酒定价为2 999元。

（二）验算

方案一：将每吨啤酒价格定为3 020元。

每吨啤酒应缴纳消费税=250元

每吨啤酒应缴纳增值税=3 020×13%=392.6（元）

每吨啤酒应缴纳城市维护建设税、教育费附加和地方教育附加 ＝（250+392.6）×（7%+3%+2%）=77.11（元）

每吨啤酒成本=2 400元

每吨啤酒税前利润=3 020-2 400-250-77.11=292.89（元）

每吨啤酒应缴纳企业所得税=292.89×25%=73.22（元）

每吨啤酒税后利润=292.89-73.22=219.67（元）

方案二：将每吨啤酒价格降至2 999元。

每吨啤酒应缴纳消费税=220元

每吨啤酒应缴纳增值税=2 999×13%=389.87（元）

每吨啤酒应缴纳城市维护建设税、教育费附加和地方教育附加 ＝（220+389.87）×（7%+3%+2%）=73.18（元）

每吨啤酒成本=2 400元

每吨啤酒税前利润=2 999-2 400-220-73.18=305.82（元）

每吨啤酒应缴纳企业所得税=305.82×25%=76.46（元）

每吨啤酒税后利润=305.82-76.46=229.36（元）

通过验算，方案二比方案一每吨啤酒多获利润9.69元（229.36-219.67），应当选择方案二，每吨啤酒定价为2 999元。同时，降低啤酒的价格还可以增加啤酒在价格上的竞争力，增加啤酒的销售。与啤酒价格模型得出的筹划结论一致。

筹划案例 4-6

北京市新兴啤酒厂生产销售某品牌啤酒，每吨出厂不含税价格为3 040元，与此相关的成本费用为2 400元。请对新兴啤酒厂的啤酒定价进行税务筹划。

【筹划策略】

（一）利用啤酒价格模型的筹划结论

新兴啤酒厂每吨啤酒出厂不含税价格为3 040元，大于3 033.13元，可以将每吨啤酒定价为3 040元。

（二）验算

方案一：将每吨啤酒价格定为3 040元。

每吨啤酒应缴纳消费税=250元

每吨啤酒应缴纳增值税=3 040×13%=395.2（元）

每吨啤酒应缴纳城市维护建设税、
教育费附加和地方教育附加 ＝（250+395.2）×（7%+3%+2%）=77.42（元）

每吨啤酒成本=2 400元

每吨啤酒税前利润=3 040-2 400-250-77.42=312.58（元）

每吨啤酒应缴纳企业所得税=312.58×25%=78.15（元）

每吨啤酒税后利润=312.58-78.15=234.43（元）

方案二：将每吨啤酒价格降至2 999元。

每吨啤酒应缴纳消费税=220元

每吨啤酒应缴纳增值税=2 999×13%=389.87（元）

每吨啤酒应缴纳城市维护建设税、
教育费附加和地方教育附加 ＝（220+389.87）×（7%+3%+2%）=73.18（元）

每吨啤酒成本=2 400元

每吨啤酒税前利润=2 999-2 400-220-73.18=305.82（元）

每吨啤酒应缴纳企业所得税=305.82×25%=76.46（元）

每吨啤酒税后利润=305.82-76.46=229.36（元）

通过验算，方案一比方案二每吨啤酒多获利润5.07元（234.43-

229.36），应当选择方案一，每吨啤酒定价3 040元，与啤酒价格模型得出的筹划结论一致。

（二）卷烟定价的税务筹划

1.税收法规

卷烟的消费税实行复合计征办法，卷烟消费税税率见表4-2。

表4-2   卷烟消费税税率表

税目		标准	税率	
			比例税率	定额税率
生产环节、委托加工环节、进口环节	甲类卷烟	每标准条调拨价格≥70元	56%	150 元/箱 （0.6 元/条、0.003 元/支）
	乙类卷烟	每标准条调拨价格<70元	36%	150 元/箱 （0.6 元/条、0.003 元/支）
批发环节		—	11%	250 元/箱 （1 元/条、0.005 元/支）

说明：每标准条卷烟有200支卷烟，每标准箱卷烟有250标准条卷烟。

2.建立模型

建立卷烟价格模型，计算甲类卷烟价格临界点。

甲类卷烟价格临界点是指当每条甲类卷烟的税后利润等于每条乙类卷烟（价格为69元）的税后利润时的甲类卷烟的价格。

假设P为每条卷烟税收临界点（因为P≥70元，所以适用的比例税率为56%，从量定额税率为0.6元/条），C为每条卷烟的成本，R为每条卷烟的税后利润。

（1）每条卷烟税收临界点为P（P≥70元）的税后利润的计算

每条卷烟应缴纳消费税=P×56%+0.6

每条卷烟应缴纳增值税=P×13%-C×13%

每条卷烟应缴纳城市维护建设税、教育费附加和地方教育附加

$$=(P×56\%+0.6+P×13\%-C×13\%)×(7\%+3\%+2\%)$$

$$=(P×69\%+0.6-C×13\%)×12\%$$

每条卷烟税前利润=P-C-（P×56%+0.6）-（P×69%+0.6-C×13%）×12%

每条卷烟税后利润R₁=[P-C-(P×56%+0.6)-(P×69%+0.6-C×13%)×12%]×(1-25%)

（2）每条卷烟定价为69元的税后利润的计算

每条卷烟应缴纳消费税=69×36%+0.6

每条卷烟应缴纳增值税=69×13%-C×13%

每条卷烟应缴纳城市

维护建设税、教育费附加=（69×36%+0.6+69×13%-C×13%）×（7%+3%+2%）

和地方教育附加

=（69×49%+0.6-C×13%）×12%

每条卷烟税前利润=69-C-（69×36%+0.6）-（69×49%+0.6-C×13%）×12%

每条卷烟税后利润 R₂=［69-C-（69×36%+0.6）-（69×49%+0.6-C×13%）×12%］×（1-25%）

（3）令 R₁=R₂

[P-C-（P×56%+0.6）-（P×69%+0.6-C×13%）×12%]×（1-25%）=［69-C-（69×36%+0.6）-（69×49%+0.6-C×13%）×12%］×（1-25%）

得出每条卷烟价格临界点：P=112.27元

3.模型结论

（1）当每条甲类卷烟的定价为112.27元时（即P=112.27元），其与每条乙类卷烟定价为69元的税后利润相等，每条卷烟定价为112.27元或69元；

（2）当每条甲类卷烟的定价在70元到112.27元时（即70元≤P＜112.27元），其税后利润低于每条乙类卷烟定价为69元的税后利润，不如将每条卷烟价格降为69元；

（3）当每条甲类卷烟的定价大于112.27元时（即P＞112.27元），其税后利润大于每条卷烟定价为69元的税后利润，可以按照甲类卷烟定价。

4.模型应用

筹划案例4-7

北京市新兴卷烟厂生产销售某品牌卷烟，每条卷烟出厂不含税价格为90元，与其相关的成本费用为30元。请对新兴卷烟厂销售卷烟的定价进行税务筹划。

【筹划策略】

（一）利用卷烟价格模型的筹划结论

新兴卷烟厂每条卷烟出厂不含税价格为90元，大于70元小于112.27元，应当将每条卷烟定价为69元。

（二）验算

方案一：每条卷烟出厂不含税价格为90元。

因为每条卷烟出厂不含税价格为90元，大于70元，属于甲类卷烟，比例税率为56%，从量定额税率为0.6元/条。

每条卷烟应缴纳消费税=90×56%+0.6=51（元）

每条卷烟应缴纳增值税=90×13%=11.7（元）

每条卷烟应缴纳城市维护建设税、教育费附加和地方教育附加 =（51+11.7）×（7%+3%+2%）=7.52（元）

每条卷烟成本=30元

每条卷烟税前利润=90-30-51-7.52=1.48（元）

每条卷烟应缴纳企业所得税=1.48×25%=0.37（元）

每条卷烟税后利润=1.48-0.37=1.11（元）

方案二：每条卷烟出厂不含税价格为69元。

因为每条卷烟出厂不含税价格为69元，小于70元，卷烟的比例税率为36%，从量定额税率为0.6元/条。

每条卷烟应缴纳消费税=69×36%+0.6=25.44（元）

每条卷烟应缴纳增值税=69×13%=8.97（元）

每条卷烟应缴纳城市维护建设税、教育费附加和地方教育附加 =（25.44+8.97）×（7%+3%+2%）=4.13（元）

每条卷烟成本=30元

每条卷烟税前利润=69-30-25.44-4.13=9.43（元）

每条卷烟应缴纳企业所得税=9.43×25%=2.36（元）

每条卷烟税后利润=9.43-2.36=7.07（元）

通过验算，方案二比方案一每条卷烟多获利润5.96元（7.07-1.11）。同时，降低产品的价格还可以增加产品在价格上的竞争力，增加产品销售，应当选择方案二。与卷烟价格模型得出的筹划结论一致。

筹划案例4-8

北京市新兴卷烟厂生产销售某品牌卷烟，每条卷烟出厂不含税价格为120元，与其相关的成本费用为30元。请对新兴卷烟厂销售卷烟的定价进行税务筹划。

【筹划策略】

（一）利用卷烟价格模型的筹划结论

新兴卷烟厂每条卷烟出厂不含税价格为120元，大于112.27元，可以将每条卷烟定价为120元。

（二）验算

方案一：每条卷烟出厂不含税价格为120元。

因为每条卷烟出厂不含税价格为120元，大于70元，属于甲类卷烟，比例税率为56%，从量定额税率为0.6元/条。

每条卷烟应缴纳消费税=120×56%+0.6=67.8（元）

每条卷烟应缴纳增值税=120×13%=15.6（元）

每条卷烟应缴纳城市维护建设税、教育费附加和地方教育附加 =（67.8+15.6）×（7%+3%+2%）=10.01（元）

每条卷烟成本=30元

每条卷烟税前利润=120-30-67.8-10.01=12.19（元）

每条卷烟应缴纳企业所得税=12.19×25%=3.05（元）

每条卷烟税后利润=12.19-3.05=9.14（元）

方案二：每条卷烟出厂不含税价格为69元。

因为每条卷烟出厂不含税价格为69元，小于70元，卷烟的比例税率为36%，从量定额税率为0.6元/条。

每条卷烟应缴纳消费税=69×36%+0.6=25.44（元）

每条卷烟应缴纳增值税=69×13%=8.97（元）

每条卷烟应缴纳城市维护建设税、教育费附加和地方教育附加 =（25.44+8.97）×（7%+3%+2%）=4.13（元）

每条卷烟成本=30元

每条卷烟税前利润=69-30-25.44-4.13=9.43（元）

每条卷烟应缴纳企业所得税=9.43×25%=2.36（元）

每条卷烟税后利润=9.43-2.36=7.07（元）

通过验算，方案一比方案二每条卷烟多获利润 2.07 元（9.14-7.07），应当选择方案一，与卷烟价格模型得出的筹划结论一致。

（三）高档手表定价的税务筹划

1.税收法规

高档手表应当征收消费税。高档手表是指销售价格（不含增值税）每只在 10 000 元（含）以上的各类手表。

2.建立模型

建立高档手表价格模型，计算高档手表价格临界点。

高档手表价格临界点是指当每只高档手表的税后利润等于每只手表价格为 9 999 元的税后利润时的高档手表的价格。

假设 P 为每只高档手表的不含税销售价格，C 为每只高档手表的成本，R 为每只手表的税后利润。

（1）每只高档手表税收临界点为 P 的税后利润的计算

每只高档手表应缴纳消费税=P×20%

每只高档手表应缴纳增值税=P×13%-C×13%

每只高档手表应缴纳城市维护建设税、教育费附加和地方教育附加

$$=（P×20\%+P×13\%-C×13\%）×（7\%+3\%+2\%）$$

$$=（P×33\%-C×13\%）×12\%$$

每只高档手表税前利润=P-C-P×20%-（P×33%-C×13%）×12%

每只高档手表税后利润 R_1=［P-C-P×20%-（P×33%-C×13%）×12%］×（1-25%）

（2）每只手表定价为 9 999 元的税后利润的计算

每只手表应缴纳消费税=0

每只手表应缴纳增值税=9 999×13%-C×13%

每只手表应缴纳城市维护建设税、教育费附加和地方教育附加

$$=（9 999×13\%-C×13\%）×（7\%+3\%+2\%）$$

$$=（9 999×13\%-C×13\%）×12\%$$

每只手表税前利润=9 999-C-（9 999×13%-C×13%）×12%

每只手表税后利润 R_2=［9 999-C-（9 999×13%-C×13%）×12%］×（1-25%）

（3）令 R_1=R_2

［P-C-P×20%-（P×33%-C×13%）×12%］×（1-25%）=［9 999-C-（9 999×

13%−C×13%）×12%〕×（1−25%）

得出每只高档手表价格临界点：P=12 944.52元

3.模型结论

（1）当每只高档手表的定价为12 944.52元时（即P=12 944.52元），与每只手表定价为9 999元的税后利润相等，可以将每只手表定价为12 944.52元或9 999元；

（2）当每只手表的定价在10 000元到12 944.52元（即10 000元≤P＜12 944.52元），其税后利润低于每只手表定价为9 999元的税后利润，应当将每只手表定价为9 999元；

（3）当每只手表的定价大于12 944.52元时（即P＞12 944.52元），其税后利润大于每只手表定价为9 999元的税后利润，可以按照高档手表定价。

4.模型应用

筹划案例4-9

北京市新兴手表厂为增值税一般纳税人，生产一款新型手表，每只手表不含税价格为10 100元，每只手表的销售成本为6 000元。请对新兴手表厂手表定价进行税务筹划。

【筹划策略】

（一）利用高档手表价格模型的筹划结论

新兴手表厂每只手表不含税价格为10 100元，大于10 000元小于12 944.52元，应当将每只手表定价为9 999元。

（二）验算

方案一：每只手表不含税价格为10 100元，属于高档手表，需要缴纳消费税。

每只手表不含税销售收入=10 100元

每只手表应缴纳增值税=10 100×13%=1 313（元）

每只手表应缴纳消费税=10 100×20%=2 020（元）

每只手表应缴纳城市维护建设税、教育费附加和地方教育附加 =（1 313+2 020）×（7%+3%+2%）=399.96（元）

每只手表销售成本=6 000元

每只手表税前利润=10 100-6 000-2 020-399.96=1 680.04（元）

每只手表应缴纳企业所得税=1 680.04×25%=420.01（元）

每只手表税后利润=1 680.04-420.01=1 260.03（元）

方案二：每只手表不含税价格为9 999元。

每只手表不含税销售收入=9 999元

每只手表应缴纳增值税=9 999×13%=1 299.87（元）

每只手表定价调整为9 999元，不再属于高档手表，不需要缴纳消费税。

每只手表应缴纳消费税=0

每只手表应缴纳城市维护建设税、
教育费附加和地方教育附加 =1 299.87×（7%+3%+2%）=155.98（元）

每只手表销售成本=6 000元

每只手表税前利润=9 999-6 000-155.98=3 843.02（元）

每只手表应缴纳企业所得税=3 843.02×25%=960.76（元）

每只手表税后利润=3 843.02-960.76=2 882.26（元）

通过验算，方案二比方案一每只手表税后利润提高1 622.23元（2 882.26-1 260.03），所以应当选择方案二，每只手表不含税价格为9 999元。与高档手表价格模型得出的筹划结论一致。

筹划案例4-10

北京市新兴手表厂为增值税一般纳税人，生产一款新型手表，每只手表不含税价格为13 000元，每只手表的成本为6 000元。请对新兴手表厂的手表定价进行税务筹划。

【筹划策略】

（一）利用高档手表价格模型的筹划结论

新兴手表厂每只高档手表不含税价格为13 000元，大于12 944.52元，可以将每只手表定价为13 000元。

（二）验算

方案一：每只手表不含税价格为13 000元，属于高档手表，需要缴纳消费税。

每只手表不含税销售收入=13 000 元

每只手表应缴纳增值税=13 000×13%=1 690（元）

每只手表应缴纳消费税=13 000×20%=2 600（元）

每只手表应缴纳城市维护建设税、
教育费附加和地方教育附加 ＝（1 690+2 600）×（7%+3%+2%）=514.8（元）

每只手表销售成本=6 000 元

每只手表税前利润=13 000-6 000-2 600-514.8=3 885.20（元）

每只手表应缴纳企业所得税=3 885.20×25%=971.30（元）

每只手表税后利润=3 885.20-971.30=2 913.90（元）

方案二：每只手表不含税价格为 9 999 元。

每只手表不含税销售收入=9 999 元

每只手表应缴纳增值税=9 999×13%=1 299.87（元）

每只手表定价调整为 9 999 元，不再属于高档手表，不需要缴纳消费税。

每只手表应缴纳消费税=0

每只手表应缴纳城市维护建设税、
教育费附加和地方教育附加 ＝1 299.87×（7%+3%+2%）=155.98（元）

每只手表销售成本=6 000 元

每只手表税前利润=9 999-6 000-155.98=3 843.02（元）

每只手表应缴纳企业所得税=3 843.02×25%=960.76（元）

每只手表税后利润=3 843.02-960.76=2 882.26（元）

通过验算，方案一比方案二每只手表税后利润提高 31.64 元（2 913.90-2 882.26），所以应当选择方案一，每只手表不含税价格为 13 000 元。与高档手表价格模型得出的筹划结论一致。

二、一般计税和简易计税的税务筹划

增值税一般纳税人按照一般计税方法计算增值税，进项税额可以抵扣；但是对于特定应税销售行为，也可以选择简易计税方法计算增值税，不得抵扣进项税额。一般纳税人选择简易计税方法适用的征收率为 5% 和 3%，下面分别探讨。

1.按征收率5%计税的应税行为

（1）销售不动产

①一般纳税人销售其2016年4月30日前取得（不含自建）的不动产，以取得的全部价款和价外费用减去该项不动产购置原价或者取得不动产时的作价后的余额为销售额，按照简易计税方法计算应纳税额。

②一般纳税人销售其2016年4月30日前自建的不动产，以取得的全部价款和价外费用为销售额，按照简易计税方法计算应纳税额。

③房地产开发企业中的一般纳税人，销售自行开发的房地产老项目。

（2）不动产经营租赁服务

①一般纳税人出租其2016年4月30日前取得的不动产。纳税人以经营租赁方式将土地出租给他人使用，按照不动产经营租赁服务缴纳增值税。

②房地产开发企业中的一般纳税人，出租自行开发的房地产老项目。

（3）转让土地使用权

一般纳税人转让2016年4月30日前取得的土地使用权。

（4）不动产融资租赁

继续履行2016年4月30日前签订的不动产融资租赁合同，或以2016年4月30日前取得的不动产提供的融资租赁服务。

（5）劳务派遣服务

提供劳务派遣服务，以取得的全部价款和价外费用，扣除代用工单位支付给劳务派遣员工的工资、福利和为其办理社会保险及住房公积金后的余额为销售额，按照简易计税方法计算缴纳增值税。

（6）提供安全保护服务

纳税人提供安全保护服务，比照劳务派遣服务政策执行。

纳税人提供武装守护押运服务，按照"安全保护服务"缴纳增值税。

（7）人力资源外包服务

一般纳税人提供人力资源外包服务，可以选择适用简易计税方法。

（8）公路收费

一般纳税人收取试点前开工（施工许可证注明的合同开工日期在2016年4月30日前）的一级公路、二级公路、桥、闸通行费，可以选择适用简易计税方法。

2.可选择按征收率3%计税的应税行为

（1）公路收费

公路经营企业中的一般纳税人收取试点前开工（施工许可证明注明的合同开工日期在2016年4月30日前）的高速公路的车辆通行费。

（2）建筑服务

以清包工方式提供的建筑服务、为甲供工程提供的建筑服务和为建筑工程老项目提供的建筑服务。

（3）物业管理服务

提供物业管理服务的纳税人，向服务接受方收取的自来水水费，以扣除其对外支付的自来水水费后的余额为销售额，按照简易计税方法依3%的征收率计算缴纳增值税。

（4）非学历教育服务

一般纳税人提供非学历教育服务，可以选择适用简易计税方法按照3%的征收率计算应纳税额。

（5）公共交通运输服务

公共交通运输服务，包括轮客渡、公交客运、地铁、城市轻轨、出租车、长途客运、班车。

班车，是指按固定路线、固定时间运营并在固定站点停靠的运送旅客的陆路运输服务。

（6）动漫设计服务

经认定的动漫企业为开发动漫产品提供的动漫脚本编撰、形象设计、背景设计、动画设计、分镜、动画制作、摄制、描线、上色、画面合成、配音、配乐、音效合成、剪辑、字幕制作、压缩转码（面向网络动漫、手机动漫格式适配）服务，以及在境内转让动漫版权（包括动漫品牌、形象或者内容的授权及再授权）。

（7）电影放映服务

（8）仓储服务

（9）装卸搬运服务

（10）收派服务

（11）文化体育服务

（12）以纳入"营改增"试点之日前取得的有形动产为标的物提供的经营租赁服务

（13）非企业性单位

①非企业性单位中的一般纳税人提供的研发和技术服务、信息技术服务、鉴证咨询服务，以及销售技术、著作权等无形资产。

②提供技术转让、技术开发和与之相关的技术咨询、技术服务。其中，技术咨询是指就特定技术提供可行性论证、技术预测、专题技术调查、分析评价报告等业务活动。与技术转让、技术开发相关的技术咨询、技术服务，是指转让方（或者受托方）根据技术转让或者开发合同的规定，为帮助受让方（或者委托方）掌握所转让（或者委托开发）的技术，而提供的技术咨询、技术服务业务，且这部分技术咨询、技术服务的价款与技术转让或者技术开发的价款应当在同一张发票上开具。

（14）教育辅助服务

（15）金融服务

①中国农业发展银行总行及其各分支机构提供涉农贷款取得的利息收入。

②农村信用社、村镇银行、农村资金互助社、由银行业机构全资发起设立的贷款公司、法人机构在县（县级市、区、旗）及县以下地区的农村合作银行和农村商业银行提供金融服务取得的收入。

③对中国农业银行纳入"三农金融事业部"改革试点的各省、自治区、直辖市、计划单列市分行下辖的县域支行和新疆生产建设兵团分行下辖的县域支行（也称县事业部），提供农户贷款、农村企业和农村各类组织贷款取得的利息收入。

（16）销售生物制品

属于增值税一般纳税人的药品经营企业销售生物制品。

（17）销售兽用生物制品

属于增值税一般纳税人的兽用药品经营企业销售兽用生物制品。

（18）销售光伏发电产品

光伏发电项目发电户销售电力产品，按照税法规定应缴纳增值税的，可由国家电网公司所属企业按照增值税简易计税办法计算并代征增值税税款，同时开具普通发票；按照税法规定可享受免征增值税政策的，可由国家电网公司所属企业直接开具普通发票。

（19）县级及县级以下小型水力发电单位生产的电力

小型水力发电单位，是指各类投资主体建设的装机容量为5万千瓦以下（含5万千瓦）的小型水力发电单位。

（20）自产建筑用和生产建筑材料所用的砂、土、石料

（21）以自己采掘的砂、土、石料或其他矿物连续生产的砖、瓦、石灰（不含粘土实心砖、瓦）

（22）用微生物、微生物代谢产物、动物毒素、人或动物的血液或组织制成的生物制品

（23）自产自来水

（24）自产商品混凝土（仅限于以水泥为原料生产的水泥混凝土）

（25）销售非临床用人体血液

（26）自2018年5月1日起，增值税一般纳税人生产销售和批发、零售抗癌药品

一般计税方法和简易计税方法为一般纳税人提供了增值税筹划的空间。

筹划案例4-11

新兴仓储服务公司为增值税一般纳税人，预计2020年实现含税销售收入620万元，购进办公耗材，取得增值税专用发票，可以抵扣的进项税额（可加计抵减）为20万元。请对新兴仓储服务公司销售业务进行税务筹划。

【筹划策略】

（一）建立模型

建立增值税模型，计算新兴仓储服务公司含税销售收入临界点。

假设P为新兴仓储服务公司含税销售收入，T为应缴纳的增值税。

1.选择一般计税方法。

应缴纳增值税 $T_1 = P \div (1+6\%) \times 6\% - 20 - 20 \times 0.1$

2.选择简易计税方法。

应缴纳增值税 $T_2 = P \div (1+3\%) \times 3\%$

3.令 $T_1 = T_2$

$P \div (1+6\%) \times 6\% - 20 - 20 \times 0.1 = P \div (1+3\%) \times 3\%$

计算出销售收入临界点：

$P = 800.65$ 万元

（二）模型结论

（1）当含税销售收入为800.65万元时（即P=800.65万元），采用一般计税方法和简易计税方法应纳增值税相同，可以选择一般计税方法或简易计税方法；

（2）当含税销售收入大于800.65万元时（即P＞800.65万元），采用简易计税方法缴纳的增值税较少，应当选择简易计税方法；

（3）当含税销售收入小于800.65万元时（即P＜800.65万元），采用一般计税方法缴纳的增值税较少，应当选择一般计税方法。

（三）利用增值税模型的筹划结论

新兴仓储服务公司含税销售收入为620万元，小于800.65万元，应当选择一般计税方法。

（四）验算

方案一：选择一般计税方法。

新兴仓储服务公司是现代服务业，增值税税率为6%，按进项税额加计10%抵减应纳税额。

增值税加计抵减额=20×10%=2（万元）

应缴纳增值税=620÷（1+6%）×6%-20-2=13.09（万元）

方案二：选择简易计税方法。

应缴纳增值税=620÷（1+3%）×3%=18.06（万元）

通过验算，方案一比方案二新兴仓储服务公司少缴纳增值税4.97万元（18.06-13.09），所以应当选择方案一（一般计税方法）。与增值税模型得出的筹划结论一致。

筹划案例4-12

新兴仓储服务公司为增值税一般纳税人，预计2020年实现含税销售收入900万元，购进办公耗材，取得增值税专用发票，可以抵扣的进项税额（可加计抵减）为20万元。请对新兴仓储服务公司销售业务进行税务筹划。

【筹划策略】

（一）利用增值税模型的筹划结论

新兴仓储服务公司含税销售收入为900万元，大于800.65万元，应当选择简易计税方法。

（二）验算

方案一：选择一般计税方法。

新兴仓储服务公司是现代服务业，增值税税率为6%，按进项税额加计10%抵减应纳税额。

增值税加计抵减额=20×10%=2（万元）

应缴纳增值税=900÷（1+6%）×6%-20-2=28.94（万元）

方案二：选择简易计税方法。

应缴纳增值税=900÷（1+3%）×3%=26.21（万元）

通过验算，方案二比方案一新兴仓储服务公司少缴纳增值税2.73万元（28.94-26.21），所以应当选择方案二（简易计税方法）。与增值税模型得出的筹划结论一致。

三、增值税起征点的税务筹划

纳税人销售额未达到国务院财政、税务主管部门规定的增值税起征点的，免征增值税；达到起征点的，依照规定全额计算缴纳增值税。增值税起征点仅适用于个人，包括个体工商户和其他个人，但不适用于认定为一般纳税人的个体工商户，即增值税起征点仅适用于按照小规模纳税人纳税的个体工商户和其他个人。小规模纳税人应充分利用增值税起征点的优惠政策，避免多缴纳增值税。

（一）税收法规

《关于小规模纳税人免征增值税政策有关征管问题的公告》（国家税务总局公告 2019 年第 4 号）规定：小规模纳税人发生增值税应税销售行为，合计月销售额未超过 10 万元（以 1 个季度为 1 个纳税期的，季度销售额未超过 30 万元，下同）的，免征增值税。小规模纳税人发生增值税应税销售行为，合计月销售额超过 10 万元，但扣除本期发生的销售不动产的销售额后未超过 10 万元的，其销售货物、劳务、服务、无形资产取得的销售额免征增值税。也就是说小规模纳税人按月申报的起征点是 10 万元，按季申报的起征点是 30 万元。

纳税人需要注意在增值税起征点附近的销售额，避免多缴纳增值税。

（二）按月申报销售额的税务筹划

1.建立模型

建立小规模纳税人月度含税销售额模型，计算月度含税销售额临界点。

假设 W 为月度含税销售额，R 为净收入。

该纳税人是小规模纳税人，$\sum_{i=1}^{12} W_i \leq 5\,000\,000$ 元。

（1）当 W > 103 000 元时需要缴纳增值税。

应纳增值税=W÷（1+3%）×3%

净收入 $R_1 = W - W \div (1+3\%) \times 3\%$

（2）月度含税销售额为 103 000 元。

不含税销售额 $= 103\,000 \div 1.03 = 100\,000$ （元）

没有超过增值税月度起征点 100 000 元，所以免征增值税。

净收入 $R_2 = 103\,000$ 元

（3）令 $R_1 = R_2$。

$W - W \div (1+3\%) \cdot 3\% = 103\,000$

含税销售额临界点：$W = 106\,090$ 元

2.模型结论

（1）月度含税销售额等于 106 090 元时（即 $W = 106\,090$ 元），其净收入等于月度含税销售额为 103 000 元的净收入，月度含税销售额可以为 106 090 元。

（2）月度含税销售额大于 103 000 元且小于 106 090 元时（即 103 000 元 < W < 106 090 元），其净收入比月度含税销售额为 103 000 元的净收入少，应当将月度含税销售额降到 103 000 元。

（3）月度含税销售额大于 106 090 元时（即 W > 106 090 元），其净收入比月度含税销售额为 103 000 元的净收入多，可以按照月度含税销售额大于 106 090 元确认收入。

3.模型应用

筹划案例 4-13

新兴咨询公司是小规模纳税人，按月申报增值税，该咨询公司 2020 年 1 月份含税销售额为 105 000 元。请对新兴咨询公司销售额进行税务筹划。

【筹划策略】

（一）利用小规模纳税人月度含税销售额模型的筹划结论

本案例 1 月份含税销售额为 105 000 元，大于 103 000 元且小于 106 090 元，应当将月度含税销售额降到 103 000 元。

（二）验算

方案一：月度含税销售额定为 105 000 元。

不含税销售额=105 000÷1.03=101 941.75（元）

超过起征点 100 000 元。

新兴咨询公司应缴纳增值税=101 941.75×3%=3 058.25（元）

净收入=105 000-3 058.25=101 941.75（元）

方案二：月度含税销售额降为 103 000 元。

不含税销售额=103 000÷1.03=100 000（元）

没有超过增值税月度起征点 100 000 元，所以免征增值税。

净收入=103 000 元

通过验算，方案二比方案一少缴纳增值税 3 058.25 元，净收入增加 1 058.25 元（103 000-101 941.75），所以选择方案二，月度含税销售额降为 103 000 元。与小规模纳税人月度含税销售额模型得出的筹划结论一致。

（三）按季申报销售额的税务筹划

1.建立模型

建立小规模纳税人季度含税销售额模型，计算季度含税销售额临界点。

假设 V 为季度含税销售额，R 为净收入。

该纳税人是小规模纳税人，$\sum_{i=1}^{4} V_i \leqslant 5\ 000\ 000$ 元。

（1）当 V > 309 000 元时需要缴纳增值税。

应纳增值税=V÷（1+3%）×3%

净收入 R_1=V-V÷（1+3%）×3%

（2）季度含税销售额降为 309 000 元。

不含税销售额=309 000÷1.03=300 000（元）

没有超过增值税季度起征点 300 000 元，所以免征增值税。

净收入 R_2=309 000 元

（3）令 R_1=R_2。

V-V÷（1+3%）×3%=309 000

含税销售额临界点：V=318 270 元

2.模型结论

（1）季度含税销售额等于 318 270 元时（即 V=318 270 元），其净收入等于季度含税销售额为 309 000 元的净收入，季度含税销售额可以为 318 270 元。

（2）季度含税销售额大于 309 000 元且小于 318 270 元时（即 309 000 元 < V < 318 270 元），其净收入比季度含税销售额为 309 000 元的净收入少，应当将季度含税销售额降到 309 000 元。

（3）季度含税销售额大于 318 270 元时（即 V > 318 270 元），其净收入比季度含税销售额为 309 000 元的净收入多，可以按照季度含税销售额大于 318 270 元确认收入。

3. 模型应用

筹划案例 4-14

新兴咨询公司是小规模纳税人，按季申报增值税，该咨询公司 2020 年第一季度含税销售额为 310 000 元。请对新兴咨询公司销售额进行税务筹划。

【筹划策略】

（一）利用小规模纳税人季度含税销售额模型的筹划结论

本案例第一季度含税销售额为 310 000 元，大于 309 000 元且小于 318 270 元，应当将季度含税销售额降到 309 000 元。

（二）验算

方案一：季度含税销售额定为 310 000 元。

不含税销售额 =310 000÷1.03=300 970.87（元）

超过起征点 300 000 元。

新兴咨询公司应缴纳增值税 =300 970.87×3%=9 029.13（元）

净收入 =310 000-9 029.13=300 970.87（元）

方案二：季度含税销售额降为 309 000 元。

不含税销售额 =309 000÷1.03=300 000（元）

没有超过规定的增值税季度起征点 300 000 元，所以免征增值税。

净收入 =309 000 元

通过验算，方案二比方案一少缴纳增值税 9 029.13 元，净收入增加 8 029.13 元（309 000-300 970.87），所以选择方案二，季度含税销售额降为 309 000 元。与小规模纳税人季度含税销售额模型得出的筹划结论一致。

四、销售房产的税务筹划

企业转让房产需要缴纳土地增值税。土地增值税是指转让国有土地使用权、地上的建筑物及其附着物并取得收入的单位和个人，以增值额为计税依据向国家缴纳的一种税。

土地增值税的计税依据是增值额。土地增值税纳税人转让房地产所取得的收入减去规定的扣除金额后的余额为增值额。

1.应税收入

纳税人转让房地产取得的应税收入，应包括转让房地产的全部价款及有关的经济收益。从收入的形式来看，包括货币收入、实物收入和其他收入。土地增值税纳税人转让房地产取得的收入为不含增值税收入。

2.扣除项目

土地增值税扣除项目见表4-3。

表4-3   土地增值税扣除项目

1.取得土地使用权所支付的金额	取得土地使用权支付的地价款	以出让方式取得的为土地出让金
		以行政划拨方式取得的为补缴的土地出让金
		以转让方式取得的为实际支付的地价款
	交纳的有关税费，如契税、过户手续费等	
	取得土地使用权时未支付地价款或不能提供已支付的地价款凭据的，不允许扣除	
2.房地产开发成本	土地征用及拆迁补偿费（含耕地占用税）、前期工程费、建筑安装工程费（增值税发票的备注栏注明建筑服务发生地名称、项目名称）、基础设施费、公共配套设施费、开发间接费用	

续表

3.房地产开发费用（与房地产有关的销售费用、管理费用、财务费用）	能分摊利息支出并提供证明的	利息+（取得土地使用权所支付的金额+房地产开发成本）×5%以内 （注：利息最高不能超过按商业银行同类同期贷款利率计算的金额）
	不能分摊利息支出或不能提供证明的	（取得土地使用权所支付的金额+房地产开发成本）×10%以内
	专门规定： 一是利息的上浮幅度按国家的有关规定执行，超过上浮幅度的部分不允许扣除； 二是对于超过贷款期限的利息部分和加罚的利息不允许扣除	
4.与转让房地产有关的税金	房地产开发企业	城市维护建设税+教育费附加+地方教育附加
	其他企业	印花税0.5‰（产权转移书据）+城市维护建设税+教育费附加+地方教育附加
5.加计扣除	房地产开发企业	（取得土地使用权所支付的金额+房地产开发成本）×20%
	对取得土地使用权后，未开发即转让的，不得加计扣除	
6.旧房及建筑物评估价格	一般公式	评估价格=重置成本价×成新度折扣率
	评估费用	正常支付的允许扣除，但纳税人因隐瞒、虚报房地产成交价格所发生的评估费用，不允许扣除
	不能取得评估价格，但能提供购房发票的	取得土地使用权支付的金额+评估价格=购房发票所载金额×（1+5%×购买年限） 购买年限每满12个月计一年；超过一年，未满12个月但超过6个月的，可以视为一年。 发票金额含不得抵扣的增值税进项税额的，不含可抵扣的增值税进项税额

3.土地增值税税率

土地增值税实行四级超率累进税率见表4-4。

表4-4　　　　　　　　　　　　　土地增值税四级超率累进税率表

级数	增值额与扣除金额的比率	税率(%)	速算扣除系数(%)
1	不超过50%的部分	30	0
2	超过50%~100%的部分	40	5
3	超过100%~200%的部分	50	15
4	超过200%的部分	60	35

4.土地增值税的计算

第一步，计算土地增值额。

增值额=收入额-扣除金额

第二步，计算增值率。

增值率=增值额÷扣除金额×100%

第三步，根据增值率确定适用税率的档次和速算扣除系数。

第四步，计算税额。

应纳税额=增值额×税率-扣除金额×速算扣除系数

5.税收优惠

（1）转让房屋，增值额未超过扣除金额20%的，免征土地增值税。

第一，建造普通标准住宅出售，其增值率未超过20%的，免征土地增值税；

第二，转让旧房作为保障性住房且增值额未超过扣除金额20%的，免征土地增值税；

第三，转让旧房作为公共租赁住房房源且增值额未超过扣除金额20%的，免征土地增值税。

（2）因国家建设需要免征土地增值税。

第一，因国家建设需要而被政府征收、收回的房地产，免征土地增值税；

第二，因城市实施规划、国家建设需要而搬迁，纳税人自行转让房地产，免征土地增值税。

（3）对个人销售住房暂免征收土地增值税；

（4）对企业改制、资产整合过程中涉及的土地增值税，予以免征。

纳税人应当通过调整价格或者调整开发成本为其创造税收优惠的条件，享受减免土地增值税的优惠政策。

筹划案例 4-15

新兴房地产开发公司有可供销售的普通标准住宅，定价策略是不含增值税售价 1 248 万元（含室内装修费 158 万元），对应的除税金以外的扣除金额是 900 万元（包括加计扣除，加计扣除金额 120 万元）。增值税税率为 9%。请对新兴房地产开发公司销售房产业务进行税务筹划。

【筹划策略】

（一）建立模型

建立不动产定价模型，在该定价范围内纳税人可以享受土地增值税免税的优惠政策。

假设 P（P＞900 万元）为普通标准住宅的不含增值税的定价。

除税金以外的扣除金额=900 万元

土地增值税税前可以扣除的税金及附加=$P \cdot 9\% \cdot (7\%+3\%+2\%) = P \cdot 0.0108$

扣除金额=$900 + P \cdot 0.0108$

增值额=$P - (900 + P \cdot 0.0108) = P \cdot 0.9892 - 900$

增值额÷扣除金额≤20%

$(P \cdot 0.9892 - 900) \div (900 + P \cdot 0.0108) \leq 20\%$

解得：900 万元＜P≤1 094.18 万元

（二）模型结论

当该普通标准住宅定价大于 900 万元且小于等于 1 094.18 万元时（即 900 万元＜P≤1 094.18 万元），可以享受免征土地增值税的优惠政策。

（三）利用不动产定价模型的筹划结论

方案一：售价是含室内装修费 158 万元的 1 248 万元。

方案二：售价不含室内装修费 158 万元，售价调整为 1 090 万元（1 248−158）。

方案一的售价为 1 248 万元大于 1 094.18 万元，不享受免征土地增值税的优惠政策；方案二的售价为 1 090 万元大于 900 万元且小于 1 094.18 万元，享受免征土地增值税的优惠政策。

（四）验算

方案一：售价是含室内装修费 158 万元的 1 248 万元。

转让收入=1 248 万元

除税金及附加外的扣除金额=900（万元）

土地增值税税前可以扣除的税金及附加=1 248×9%×（7%+3%+2%）=13.48（万元）

扣除金额=900+13.48=913.48（万元）

增值额=1 248-913.48=334.52（万元）。

增值额除以扣除合计=334.52÷913.48=37%＜50%

应纳土地增值税=913.48×30%=274.04（万元）

税前利润=1 248-（913.48-120）-274.04=180.48（万元）

应纳企业所得税=180.48×25%=45.12（万元）

税后利润=180.48-45.12=135.36（万元）

方案二：售价不含室内装修费 158 万元，售价调整为 1 090 万元。

转让收入=1 090 万元

除税金以外的扣除金额=900 万元

土地增值税税前可以扣除的税金及附加=1 090×9%×（7%+3%+2%）=11.77（万元）

扣除金额=900+11.77=911.77（万元）

增值额=1 090-911.77=178.23（万元）

增值额除以扣除金额=178.23÷911.77=19.55%＜20%

应纳土地增值税=0

税前利润=1 090-（911.77-120）=298.23（万元）

应纳企业所得税=298.23×25%=74.56（万元）

税后利润=298.23-74.56=223.67（万元）

通过验算，方案二比方案一少缴纳土地增值税 274.04 万元，税后利润方案二比方案一多 88.31 万元（223.67-135.36）。另外，由于价格降低，方案二的价格竞争力将强于方案一。所以应当选择方案二。与不动产定价模型得出的筹划结论一致。

五、业务招待费的税务筹划

业务招待费是指企业为生产、经营业务的合理需要而支付的应酬费用。它是企业生产经营中所发生的实实在在、必须的费用支出，是企业进行正常经营活动必要的一项成本费用。纳税人为生产、经营业务的需要而发生的招待形式多种多样，特别是随着当今社会的物质、精神生活的日趋丰富，招待也出现多种多样的形式，如请客、送礼、娱乐、安排客户旅游等。会计准则规定业务招待费可以全额从会计利润中扣除，但是企业所得税法规定业务招待费在一定标准内可以扣除，超过标准的部分不得扣除。

（一）税收规定

现行企业所得税法规定的广告费和业务宣传费支出的扣除金额比业务招待费的扣除金额多，具体规定如下：

（1）企业发生的与生产经营活动有关的业务招待费支出，支出总额的60%准予扣除，但最高不得超过当年销售（营业）收入的5‰。

（2）企业发生的符合条件的广告费和业务宣传费支出，除国务院财政、税务主管部门另有规定外，不超过当年销售（营业）收入15%的部分，准予扣除；超过部分，准予结转以后纳税年度扣除。

（二）建立模型

如果企业广告费和业务宣传费超过企业所得税法规定的标准，就不能将业务招待费转化为业务宣传费。这时，需要通过建立业务招待费模型，计算业务招待费支出最佳点。业务招待费支出控制在该最佳点，既能充分利用业务招待费扣除限额又可以使得企业所得税税负最低。

下面建立业务招待费模型。假设M为企业销售（营业）收入，N为业务招待费支出。

当年税前允许扣除的业务招待费标准一为 $N \cdot 60\%$，但不能超过业务招待费扣除限额，即业务招待费标准二为 $M \cdot 5‰$。

令 $N \cdot 60\% = M \cdot 5‰$

得出 $N = M \cdot 8.333‰$

（三）模型结论

（1）当业务招待费正好是销售（营业）收入的8.333‰时（即N＝M·8.333‰），企业可以充分扣除业务招待费。

（2）当业务招待费大于销售（营业）收入的8.333‰时（即N＞M·8.333‰），企业需要承受更高的企业所得税税负。

（3）当业务招待费小于销售（营业）收入的8.333‰时（即N＜M·8.333‰），企业与第二种情况相比，不会增加企业所得税税负，与第一种情况相比，企业没能充分利用业务招待费扣除政策。

（四）模型应用

筹划案例4-16

新兴公司2020年度预计业务招待费支出为200万元，预计销售（营业）收入为20 000万元。请对新兴公司的业务招待费进行企业所得税筹划。

【筹划策略】

（一）利用业务招待费模型的筹划结论

按照业务招待费模型，计算业务招待费支出最佳点为166.66万元（20 000×8.333‰）。

（二）验算

方案一：业务招待费为200万元。

业务招待费扣除标准一：业务招待费的60%为120万元（200×60%）；

业务招待费扣除标准二：业务招待费扣除限额为销售（营业）收入的5‰，即100万元（20 000×5‰）。

根据孰低原则，按照100万元进行税前扣除，企业充分利用了业务招待费限额。纳税调整增加金额100万元（200-100），企业多缴纳的企业所得税为25万元（100×25%），业务招待费200万元要付出的代价为225万元（200+25）。

方案二：按照业务招待费模型，计算业务招待费支出为166.66万元（20 000×8.333‰）。

业务招待费扣除标准一：业务招待费的60%为100万元（166.66×60%）；

业务招待费扣除标准二：业务招待费扣除限额为销售（营业）收入的5‰，即100万元（20 000×5‰）。

根据孰低原则，按照100万元进行税前扣除，企业充分利用了业务招待费限额。纳税调整增加金额66.66万元（166.66-100），企业多缴纳的企业所得税为16.67万元（66.66×25%），业务招待费用166.66万元要付出的代价为183.32万元（166.66+16.66）。

方案三：业务招待费支出为100万元。

业务招待费扣除标准一：业务招待费的60%为60万元（100×60%）；

业务招待费扣除标准二：业务招待费扣除限额为销售（营业）收入的5‰，即100万元（20 000×5‰）。根据孰低原则，只能按照60万元进行税前扣除，企业没有充分利用业务招待费限额。纳税调整增加金额40万元（100-60），企业多缴纳的企业所得税为10万元（40×25%），业务招待费用100万元要付出的代价为110万元（100+10）。

通过验算，方案三业务招待费支出为100万元，低于业务招待费最佳点166.66万元。虽然企业多缴纳的企业所得税只有10万元，但是企业没有充分利用业务招待费扣除限额，对企业不利。方案一业务招待费支出为200万元，高于业务招待费最佳点166.67万元。虽然充分利用了业务招待费扣除限额，但是企业多缴纳的企业所得税为25万元。方案二业务招待费支出为166.67万元，等于业务招待费最佳点166.67万元，企业多缴纳的企业所得税为16.67万元。一方面充分利用了业务招待费扣除限额，另一方面方案二比方案一少缴纳企业所得税8.33万元（25-16.67），所以方案二对企业最有利，应当选择方案二。与业务招待费模型得出的筹划结论一致。

六、促销方式的税务筹划

在企业的销售活动中，不同的促销方案为众多企业所采用。其实，在企业采取促销方案的过程中，促销方案的选择对企业的税后利润会产生直接的影响。

筹划案例 4-17

新兴百货商厦为增值税一般纳税人，决定在国庆节期间对某品牌电脑进行促销，新兴百货商厦销售部门提供的促销方案如下：

方案一：采用商业折扣，产品全部八折销售，即原价为 10 000 元，折扣后为 8 000 元；

方案二：采取以旧换新方式，旧电脑不论新旧程度、破损程度、何种品牌均折价为 800 元，即消费者购买新电脑可以少付 800 元（假设旧电脑的价值为 600 元）；

方案三：购买满 10 000 元的电脑赠送价值 800 元的收音机，赠品成本为 480 元。

假设新兴百货商厦毛利率为 40%，以上价格均为含税价格。假设某顾客采购了价值 10 000 元（含税价）的电脑，增值税税率 13%，企业所得税税率 25%。请对新兴百货商厦的促销方案进行税务筹划。

【税收法规】

在销售活动中，为了达到促销的目的，纳税人有多种促销方案。不同促销方案，销售方取得的销售额会有所不同。增值税的法律法规对下面几种销售方式分别作了规定：

（1）折扣销售。折扣销售是指销售方在发生应税销售行为时，因购货方购货数量较大等原因而给予购货方的价格优惠，如购买 10 件商品，销售价格折扣 10%；购买 20 件商品，销售价格折扣 20% 等。根据现行增值税的规定，纳税人发生应税销售行为并向购买方开具增值税专用发票后，由于购货方在一定时期内累计购买货物、劳务、服务、无形资产、不动产达到一定数量，或者由于市场价格下降等原因，销货方给予购货方相应的价格优惠或补偿等。纳税人发生应税销售行为，如将价款和折扣额在同一张发票的"金额"栏分别注明的，可按折扣后的销售额征收增值税。未在同一张发票的"金额"栏注明折扣额，而仅在发票的"备注"栏注明折扣额的，折扣额不得从销售额中减除；未在同一张发票上分别注明的，以价款为销售额，不得扣减折扣额。

（2）以旧换新方式。以旧换新方式是指纳税人在销售自己的货物时，有偿收回旧货物的行为。根据现行增值税的规定，采取以旧换新方式销售货物的，应按新货物的同期销售价格确定销售额，不得扣减旧货物的收购价格。之所以这样规定，既是因为销售货物与收购货物是两个不同的业务活动，销售额与收购额不能相互抵减，也是为了严格增值税的计算征收，防止出现销售额不实、减少纳税的现象。

但是，考虑到金银首饰以旧换新业务的特殊情况，对金银首饰以旧换新业务，可以按销售方实际收取的不含增值税的全部价款征收增值税。

（3）捆绑销售方式。捆绑销售方式是指将两种产品捆绑起来销售的销售和定价方式。纯粹的捆绑销售是只有一种价格，消费者必须同时购买两种产品。混合搭售则是一种菜单式销售，企业既提供捆绑销售的选择，也提供单独购买其中某种商品的选择。例如汽车销售中的保险捆绑销售。不是所有的企业的产品和服务都能随意地"捆绑"在一起。捆绑销售要达到"1+1＞2"的效果取决于两种商品的协调和相互促进，而不存在难以协调的矛盾。捆绑销售的成功还依赖于捆绑策略的正确制定。

【筹划策略】

方案一：折扣销售方式。

缴纳增值税=（10 000×80%-6 000）÷（1+13%）×13%=230.09（元）

城市维护建设税、教育费附加和地方教育附加=230.09×（7%+3%+2%）=27.61（元）

税前利润=（10 000×80%-6 000）÷（1+13%）-27.61=1 742.30（元）

应纳企业所得税=1 742.30×25%=435.58（元）

税负合计=230.09+27.61+435.58=693.28（元）

税后利润=1 742.30-435.58=1 306.72（元）

方案二：以旧换新方式。

应纳增值税=（10 000-6 000+600）÷（1+13%）×13%=529.20（元）

城市维护建设税、教育费附加和地方教育附加=529.20×（7%+3%+2%）=63.50（元）

税前利润=（10 000-6 000+600）÷（1+13%）-63.50=4 007.30（元）

应纳企业所得税=4 007.30×25%=1 001.82（元）

税负合计=529.20+63.50+1 001.82=1 594.52（元）

税后利润=4 007.30-1 001.82=3 005.48（元）

方案三：购置商品满10 000元赠送价值800元的收音机，赠品成本为480元。

赠送收音机，属于视同销售行为，需要缴纳增值税。

增值税税额=（10 000-6 000）÷（1+13%）×13%+（800-480）÷（1+13%）×13%
=496.99（元）

城市维护建设税、教育费附加和地方教育附加=496.99×（7%+3%+2%）=59.64（元）

税前利润=（10 000-6 000-480）÷（1+13%）-800÷（1+13%）×13%-59.64
=2 963.37（元）

应纳企业所得税=2 963.37×25%=740.84（元）

税负合计=496.99+59.64+740.84=1 297.47（元）

税后利润=2 963.37-740.84=2 222.53（元）

【筹划结论】

从税负角度分析：方案一折扣销售税负合计在这几种销售方式中最低，仅为693.28元；方案二以旧换新方式税负最重，为1 594.52元。

从税后会计利润角度分析：方案二以旧换新方式的税后利润最大，为3 005.48元；方案一折扣销售的税后利润最低，仅为1 306.72元。新兴百货商厦税务筹划的目的就是要获得最大的税后利润，因此该商场适合采用方案二以旧换新方式进行产品促销。

七、兼营行为的税务筹划

兼营行为是指纳税人兼营不同税率项目的行为或者纳税人兼营应税项目和免税项目的行为。对于兼营行为只有分别核算才可以按照各自税率征税，如果没有分别核算，按照最高税率征税。

现行消费税规定，金银首饰消费税由生产销售环节征收改为零售环节征收。改在零售环节征收消费税的金银首饰仅限于金基、银基合金首饰以及金、银和金基、银基合金的镶嵌首饰，进口环节暂不征收，零售环节适用的消费税税率为5%，在纳税人销售金银首饰、钻石及钻石饰品时征收。其计税依据是不含增值税的销售额。除金银首饰、钻石及钻石饰品以外的首饰在生产销售环节征收消费税，消费税税率为10%。

筹划案例4-18

新兴珠宝店销售贵重首饰，当期销售金银首饰和翡翠玛瑙首饰不含税收入为2 000 000元。请对新兴珠宝店的销售业务进行消费税筹划。

【筹划策略】

方案一：金银首饰和翡翠玛瑙首饰未分别核算。

应缴纳消费税=2 000 000×5%=100 000（元）

方案二：金银首饰和翡翠玛瑙首饰分别核算。

若销售金银首饰不含税收入为900 000元，翡翠玛瑙首饰不含税收入为400 000元。

应缴纳消费税=900 000×5%=45 000（元）

【筹划结论】

方案二比方案一少缴纳消费税55 000元（100 000-45 000），所以应当选择方案二，金银首饰和翡翠玛瑙首饰分别核算。

八、签订合同的税务筹划

（一）加工承揽合同的税务筹划

加工承揽合同，是指承揽方按照委托方的要求完成一定工作，并将工作成果交付委托方，委托方接受工作成果并支付约定报酬的协议。

1.加工承揽合同印花税政策

（1）加工承揽合同印花税税率是0.5‰。

（2）加工承揽合同的计税依据是加工或承揽收入的金额。

第一，对于由受托方提供原材料的加工、定做合同，凡在合同中分别记载加工费金额和原材料金额的，应分别按"加工承揽合同""购销合同"计税；两项税额相加数，即为合同应贴印花；若合同中未分别记载，则应就全部金额依照加工承揽合同计税贴花。

第二，对于由委托方提供主要材料或原料，受托方只提供辅助材料的加工合同，无论加工费和辅助材料金额是否分别记载，均以辅助材料与加工费的合计数，依照加工承揽合同计税贴花。对委托方提供的主要材料或原料金额不计税贴花。

2.税务筹划

加工承揽合同印花税税率是0.5‰，购销合同印花税税率是0.3‰。在签订加工承揽合同时，最好将原材料和加工费等分别记载在合同上，企业就可以分别按照原材料和加工费各自不同税率缴纳印花税，减轻企业印花税税负。

筹划案例4-19

2020年6月，新兴公司委托光明公司加工一批服装，原材料由受托方光明公司提供，原材料和加工费合计3 000 000元。请对该服装加工合同进行税务筹划。

【筹划策略】

方案一：材料费和加工费没有分别核算。

材料费和加工费没有分别核算的，材料费和加工费全部依照加工承揽合同计税贴花，税率0.5‰。

新兴公司和光明公司各缴纳印花税=3 000 000×0.5‰=1 500（元）

方案二：材料费和加工费分别核算。假设加工费为1 600 000元，原材料金额为1 400 000元。

委托方新兴公司提供原材料，加工费为1 600 000元，按加工承揽合同0.5‰缴纳印花税，委托方新兴公司提供的原材料为1 400 000元，按购销合同0.3‰缴纳印花税。

新兴公司和光明公司各缴纳印花税=1 600 000×0.5‰+1 400 000×0.3‰=1 220（元）

【筹划结论】

方案二比方案一新兴公司和光明公司各少缴纳印花税280元（1 500-1 220），所以应当选择方案二。

（二）借款合同的税务筹划

借款合同，是当事人约定一方将一定种类和数额的货币所有权转移给他方，他方于一定期限内返还同种类、同数额货币的合同。

1.借款合同印花税政策

（1）借款合同印花税税率0.05‰。

（2）借款合同的计税依据为借款金额。

（3）企业与金融机构借款签订的借款合同需要缴纳印花税，企业之间签订的借款合同不需要缴纳印花税。企业与企业、个人之间签订的借款合同，包括企业之间的统借统贷合同，因为合同对象不属于金融机构，该类借款合同无须贴花。

2.税务筹划

在签订借款合同时，如果企业向银行贷款，需要缴纳印花税；如果企业向非银行机构贷款，不需要缴纳印花税。

筹划案例 4-20

2020年2月，新兴公司准备向工商银行借款30 000 000元。请对该借款合同进行税务筹划。

【筹划策略】

方案一：向工商银行借款，与工商银行签订借款合同。

新兴公司和工商银行各缴纳印花税=30 000 000×0.05‰=1 500（元）

方案二：向关系较好的光明公司借款30 000 000元，与光明公司签订借款合同。

企业与企业之间的借款合同不属于印花税的征收范围，不需要贴花，不缴纳印花税。

【筹划结论】

方案二比方案一少缴纳印花税1 500元，所以应当选择方案二。

（三）技术合同的税务筹划

技术合同是指当事人就技术开发、转让、咨询或者服务订立的确立相互之间权利和义务的合同。

1.技术合同印花税政策

（1）技术合同的范围。

技术合同包括技术转让合同、技术咨询合同和技术服务合同。

第一，技术转让合同。

技术转让包括：专利权转让、专利申请权转让、专利实施许可和非专利技术转让。为这些不同类型技术转让所书立的凭证，按照印花税税目税率表的规定，分别适用不同的税目、税率。

其中，专利申请权转让、非专利技术转让所书立的合同，适用"技术合同"税目；专利权转让、专利实施许可所书立的合同、书据，适用"产权转移书据"税目。

第二，技术咨询合同。

技术咨询合同是当事人就有关项目的分析、论证、评价、预测和调查订立的技术合同。至于一般的法律、法规、会计、审计等方面的咨询不属于技术咨询，其所立合同不贴印花。

第三，技术服务合同。

技术服务合同的征税范围包括：技术服务合同、技术培训合同和技术中介合同。

（2）税率。

技术合同的印花税税率是 0.3‰。

（3）计税依据。

第一，应税合同的计税依据，为合同列明的价款或者报酬，不包括增值税税款；合同中价款或者报酬与增值税税款未分开列明的，按照合计金额确定。对于技术合同而言，如果技术合同中只有不含税金额，以不含税金额作为印花税的计税依据；如果技术合同中既有不含税金额又有增值税金额，且分别记载的，以不含税金额作为印花税的计税依据；如果技术合同所载金额中包含增值税金额，但未分别记载的，以合同所载金额（即含税金额）作为印花税的计税依据。

第二，技术合同的计税依据为合同所载的价款、报酬或使用费。为了鼓励技术研究开发，对技术开发合同，只就合同所载的报酬金额计税，研究开发经费不作为计税依据。但对合同约定按研究开发经费一定比例作为报酬的，应按一定比例的报酬金额贴花。

第三，如果技术转让合同中的转让收入，是按销售收入的一定比例收取或是按实现利润分成的，在合同签订时不能计算金额，可在签订时先按定额 5 元缴纳印花税，以后结算时再按实际金额计税，补缴印花税。

2.税务筹划

在签订技术合同时，最好在合同中注明不含税金额，企业就按照不含税金额缴纳技术合同的印花税，减轻企业印花税税负。

筹划案例4-21

2020年2月，新兴公司和光明公司签订了一笔含税金额为42 400 000元的技术合同，合同中价格与增值税未分别列明。请对技术合同进行税务筹划。

【筹划策略】

方案一：合同中价格与增值税未分别列明。

新兴公司和光明公司各缴纳印花税=42 400 000×0.3‰=12 720（元）

方案二：合同中注明不含税金额40 000 000元，增值税为2 400 000元。

价格与增值税分别列明的，按照不含税金额40 000 000元缴纳印花税。

新兴公司和光明公司各缴纳印花税=40 000 000×0.3‰=12 000（元）

【筹划结论】

方案二比方案一少缴纳印花税720元（12 720-12 000），所以应当选择方案二。

（四）承包合同的税务筹划

承包合同是指买卖双方在经济活动中对基建产品约定的价格，由双方通过谈判，以合同形式确定。承包合同是确定发包与承包双方的权利与义务，并受法律保护的契约性文件。

1.建筑安装工程承包合同印花税政策

（1）建筑安装工程承包合同印花税税率是0.3‰。

（2）建筑安装工程承包合同的计税依据为合同上记载的承包金额。

（3）根据规定，施工单位将自己承包的建设项目分包或者转包给其他施工单位所签订的分包合同或者转包合同，应按照新的分包合同或者转包合同上所记载的金额再次计算应纳税额。总承包合同依法计税贴花，新的分包或转包合同发生了新的纳税义务，依法计税贴花。

2.税务筹划

在签订建筑安装工程承包合同时，建筑单位最好分别与每个施工单位签订合同，减轻企业印花税税负。

筹划案例4-22

2020年9月，新兴建筑公司与光明公司签订一份建筑合同，总计金额为2 000万元，新兴建筑公司又分别与龙发建筑公司和隆达建筑公司签订分包合同，其合同记载金额分别为400万元和500万元。请对该建筑承包合同进行税务筹划。

【筹划策略】

方案一：原方案。

（1）新兴建筑公司与光明公司签合同。

新兴建筑公司与光明公司共缴纳印花税=20 000 000×0.3‰×2=12 000（元）

（2）新兴建筑公司与龙发建筑公司和隆达建筑公司签合同。

新兴建筑公司应缴纳印花税=（4 000 000+5 000 000）×0.3‰=2 700（元）

龙发建筑公司应缴纳印花税=4 000 000×0.3‰=1 200（元）

隆达建筑公司应缴纳印花税=5 000 000×0.3‰=1 500（元）

（3）新兴建筑公司、光明公司、龙发建筑公司和隆达建筑公司共缴纳印花税=12 000+2 700+1 200+1 500=17 400（元）。

方案二：光明公司分别与新兴建筑公司、龙发建筑公司、隆达建筑公司签订合同。

（1）新兴建筑公司与光明公司签订建筑合同，其合同记载金额为1 100万元。

新兴建筑公司与光明公司共应缴纳印花税=11 000 000×0.3‰×2=6 600（元）

（2）龙发建筑公司与光明公司签订建筑合同，其合同记载金额为400万元。

龙发建筑公司与光明公司共应缴纳印花税=4 000 000×0.3‰×2=2 400（元）

（3）隆达建筑公司与光明公司签订建筑合同，其合同记载金额为500万元。

隆达建筑公司与光明公司共应缴纳印花税=5 000 000×0.3‰×2=3 000（元）

（4）新兴建筑公司、光明公司、龙发建筑
公司和隆达建筑公司共缴纳印花税   ＝6 600+2 400+3 000=12 000（元）

【筹划结论】

方案二比方案一少缴纳印花税5 400元（17 400-12 000），所以应当选择方案二。

（五）货物运输合同的税务筹划

货物运输合同是承运人将货物从起运地点运输到约定地点，托运人或者收货人支付票款或者运输费用的合同。

1.印花税政策

（1）货物运输合同印花税税率是0.5‰。

（2）货物运输合同的计税依据为取得的运输费金额（即运费收入），不包括所运货物的金额、装卸费和保险费等。

2.税务筹划

在签订货物运输合同时，最好将运输费用、货物的金额、装卸费和保险费等分别记载在合同上，企业就可以仅就运输费用缴纳货物运输合同的印花税，减轻企业印花税税负。

筹划案例4-23

2020年8月，光明公司与新兴运输公司签订运输合同，所载运输费用和装卸费共计9 000 000元。请对该货物运输合同进行税务筹划。

【筹划策略】

方案一：所载运输费用和装卸费在合同中统一记载。

如果货物运输合同所载运输费用和装卸费分别记载，只就运输费用作为计税依据缴纳印花税，装卸费不需要缴纳印花税；如果货物运输合同中的所载运输费用和装卸费没有分别记载，合同全部金额都需要作为计税依据缴纳印花税。

应缴纳印花税=9 000 000×0.5‰=4 500（元）

方案二：所载运输费用和装卸费在合同中分开记载。如果运输费用为7 000 000元，装卸费用为2 000 000元。

仅就运输费用7 000 000元按照货物运输合同缴纳印花税。

应缴纳印花税=7 000 000×0.5‰=3 500（元）

【筹划结论】

方案二比方案一少缴纳印花税1 000元（4 500-3 500），所以应当选择方案二。

（六）仓储保管合同的税务筹划

仓储保管合同是存货方和保管方为加速货物流通，妥善保管货物，提高经济效益而明确相互权利、义务关系的协议。

1.仓储保管合同印花税政策

（1）仓储保管合同印花税税率是1‰。

（2）仓储保管合同的计税依据为收取的仓储保管费用。

（3）同一凭证载有两个或两个以上经济事项而适用不同税目税率，如分别记载金额的，应分别计算应纳税额，相加后按合计税额贴花；如未分别记载金额的，按税率较高的计税贴花。

2.税务筹划

印花税比例税率分为四档，即0.05‰、0.3‰、0.5‰和1‰，因此1‰是印花税比例税率中的最高税率。仓储保管合同的税率是1‰，属于印花税税率的最高档。所以在签订货物运输合同时，最好将仓储保管费用和运输费用等分别记载在合同上，从而降低仓储保管合同的计税依据，减轻企业印花税税负。

筹划案例4-24

2020年6月，光明公司与新兴运输公司签订运输合同，所载运输费用和仓储保管费用共计12 000 000元。请对该仓储保管合同进行税务筹划。

【筹划策略】

方案一：所载运输费用和仓储保管费用在合同中统一记载。

运输合同印花税税率为0.5‰，仓储保管合同印花税税率为1‰。因为运输费用和保管费用在合同中没有分别记载，按照仓储保管合同1‰缴纳印花税。

应缴纳印花税=12 000 000×1‰=12 000（元）

方案二：所载运输费用和仓储保管费用在合同中分开记载。

假如运输费用为 9 000 000 元，仓储保管费用为 3 000 000 元。

应缴纳印花税=9 000 000×0.5‰+3 000 000×1‰=7 500（元）

【筹划结论】

方案二比方案一少缴纳印花税 4 500 元（12 000-7 500），所以应当选择方案二。

第四节 企业业务流程再造的税务筹划

税收源于业务流程，业务流程决定税收。根据税法的新规定，不断梳理企业业务流程，从源头控制好税负，是企业进行税务筹划的一个非常重要的手段。

2019 年 9 月 16 日，国家税务总局为了配合增值税改革，发布了《国家税务总局关于国内旅客运输服务进项税抵扣等增值税征管问题的公告》（国家税务总局公告 2019 年第 31 号，以下简称"31 号公告"）。31 号公告对运输工具舱位承包和舱位互换业务适用税目、保险服务进项税抵扣方法、餐饮行业现场制作食品业务的适用税目等增值税事项进行了规范。本书依据 31 号公告规定，对相关企业的业务流程提出增值税税务筹划思路，形成舱位承包业务和舱位互换业务定价、保险理赔、餐饮营销模式三种策略。

一、舱位承包业务和舱位互换业务定价的税务筹划

运输企业在舱位承包业务中选择发包方和在舱位互换业务中选择拥有舱位的交通运输公司（以下简称承包方）时，通常企业在承包方的运输资质、运输能力等相同的情况下，仅凭承包方所报的含税价高低，决定选择哪家运输公司。如果发包方是小规模纳税人，因为没有增值税抵扣的情况，所以选择报价最低的运输公司最划算。但是，如果发包方是一般纳税人，因为存在增值税抵扣的情况，所以并不是选择报价最低的公司最合算，必须依据 31 号公告的规定采用最优的定价决策，具体分析如下：

（一）税收法规

31号公告第六条规定，自2019年10月1日起运输工具舱位承包业务中的发包方和承包方以及运输工具舱位互换业务中的双方，都按照交通运输服务缴纳增值税，增值税税率为9%。

（二）筹划模型

在不考虑货币时间价值的情况下，采用现金流量原理来分析舱位承包业务和舱位互换业务中现金净流量平衡点价格比。企业现金净流量是现金的流入量与现金的流出量的差，即企业现金净流量=含税销售收入−（含税采购金额+应缴纳的增值税+应缴纳的城市维护建设税、教育费附加和地方教育附加+应缴纳的企业所得税）。

下面以舱位承包业务为例进行增值税税务筹划。舱位互换业务增值税税务筹划与此类似，不再赘述。

1.承包方、发包方为增值税一般纳税人，开具增值税专用发票

假设 N_1 为发包方从承包方（一般纳税人）处取得专用发票时的现金净流量，S 为含税运输收入，P_1 为发包方支付给承包方的含税价格。发包方现金净流量的计算过程如下：

$N_1=S-P_1-$ ［$S\div（1+9\%）\cdot9\%-P_1\div（1+9\%）\cdot9\%$］$-$［$S\div（1+9\%）\cdot9\%-P_1\div（1+9\%）\cdot9\%$］$\cdot（7\%+3\%+2\%）-\{S\div（1+9\%）-P_1\div（1+9\%）-$［$S\div（1+9\%）\cdot9\%-P_1\div（1+9\%）\cdot9\%$］$\}\cdot0.12\}\cdot0.25=0.680642\cdot S-0.680642\cdot P_1$

2.承包方为增值税小规模纳税人，开具增值税专用发票

假设 N_2 为发包方从承包方（小规模纳税人）处取得专用发票时的现金净流量，S 为含税运输收入，P_2 为发包方支付给承包方的含税价。发包方现金净流量的计算过程如下：

$N_2=S-P_2-$［$S\div（1+9\%）\cdot9\%-P_2\div（1+3\%）\cdot3\%$］$-$［$S\div（1+9\%）\cdot9\%-P_2\div（1+3\%）\cdot3\%$］$\cdot（7\%+3\%+2\%）-\{S\div（1+9\%）-P_2\div（1+3\%）-$［$S\div（1+9\%）\cdot9\%-P_2\div（1+3\%）\cdot3\%$］$\}\cdot0.12\}\cdot0.25=0.680642\cdot S-0.725534\cdot P_2$

3.承包方为增值税小规模纳税人，开具增值税普通发票

假设 N_3 为发包方从承包方（小规模纳税人）处取得普通发票时的现金净流量，S 为含税运输收入，P_3 为发包方支付给承包方的含税价格。发包方现金净流量的计算过程如下：

$N_3 = S - P_3 - S \div (1+9\%) \cdot 9\% - [S \div (1+9\%) \cdot 9\%] \cdot (7\%+3\%+2\%) - [S \div (1+9\%) - P_3 - S \div (1+9\%) \cdot 9\% \cdot 0.12] \cdot 0.25 = 0.680642 \cdot S - 0.75 \cdot P_3$

发包方的定价策略是通过比较不同价格的现金净流量，选择一个现金净流量最大的定价方案。本书对上述情况两两组合，推导出每种组合的现金净流量平衡点价格比。

（1）承包方为一般纳税人开具9%专用发票与承包方为小规模纳税人开具3%专用发票

$N_1 - N_2 = (0.680642 \cdot S - 0.680642 \cdot P_1) - (0.680642 \cdot S - 0.725534 \cdot P_2) = 0.725534 \cdot P_2 - 0.680642 \cdot P_1$

令 $N_1 - N_2 = 0$，计算现金净流量平衡点价格比。

$0.725534 \cdot P_2 - 0.680642 \cdot P_1 = 0$

$P_2 : P_1 = 93.8126\%$

模型结论1：承包方为一般纳税人开具9%专用发票与承包方为小规模纳税人开具3%专用发票比较，当小规模纳税人的含税价小于一般纳税人含税价的93.8126%时，发包方选择小规模纳税人；否则发包方选择一般纳税人。

（2）承包方为一般纳税人开具9%专用发票与承包方为小规模纳税人开具普通发票

$N_1 - N_3 = (0.680642 \cdot S - 0.680642 \cdot P_1) - (0.680642 \cdot S - 0.75 \cdot P_3)$

$N_1 - N_3 = 0.75 \cdot P_3 - 0.680642 \cdot P_1$

令 $N_1 - N_3 = 0$，计算现金净流量平衡点价格比。

$0.75 \cdot P_3 - 0.680642 \cdot P_1 = 0$

$P_3 : P_1 = 90.7523\%$

模型结论2：承包方为一般纳税人开具9%专用发票与承包方为小规模纳税人开具普通发票比较，当小规模纳税人的含税价小于一般纳税人含税价的90.7523%时，发包方选择小规模纳税人；否则发包方选择一般纳税人。

（3）承包方为小规模纳税人开具3%专用发票与承包方为小规模纳税人开具普通发票

$N_2 - N_3 = (0.680642 \cdot S - 0.725534 \cdot P_2) - (0.680642 \cdot S - 0.75 \cdot P_3) = 0.75 \cdot P_3 - 0.725534 \cdot P_2$

令 $N_2-N_3=0$，计算现金净流量平衡点价格比。

$0.75 \cdot P_3-0.725534 \cdot P_2=0$

$P_3:P_2=96.7379\%$

模型结论3：承包方为小规模纳税人开具3%专用发票与承包方为小规模纳税人开具普通发票比较，当小规模纳税人开具普通发票含税价小于小规模纳税人开具专用发票含税价的96.7379%时，发包方选择开具普通发票的小规模纳税人；否则发包方选择开具专用发票的小规模纳税人。

（三）模型应用

筹划案例4-25

2019年12月，新兴货运公司（一般纳税人）以承运人身份承揽光明公司运输业务，将货物由北京运往云南，新兴货运公司收取光明公司货物运输费2 500 000元。新兴货运公司准备以承包其他运输公司运输工具舱位的方式委托对方实际完成运输服务。现在有A公司、B公司和C公司三家货运公司可以受托完成该运输服务。A公司为一般纳税人可以开具9%的专用发票，报价2 000 000元；B公司为小规模纳税人可以开具3%的专用发票，报价1 950 000元；C公司为小规模纳税人只能开具普通发票，报价1 900 000元。新兴货运公司营业员认为C公司报价最低，准备选择C公司，请从税务筹划角度优化选择方案。（以上价格均为含税价格）

【筹划策略】

（一）利用筹划模型的筹划结论

A公司的报价为 P_A： $P_A=2\ 000\ 000$（元）

B公司的报价为 P_B： $P_B=1\ 950\ 000$（元）

C公司的报价为 P_C： $P_C=1\ 900\ 000$（元）

$P_B:P_A=1\ 950\ 000:2\ 000\ 000=97.5\%$，大于模型结论1的现金净流量平衡点价格比93.8126%，A公司比B公司能够给新兴货运公司带来更多的现金净流量。

$P_C:P_A=1\ 900\ 000:2\ 000\ 000=95\%$，大于模型结论2的现金净流量平衡点价格比90.7523%，A公司比C公司能够给新兴货运公司带来更多的现金净流量。

因此，新兴货运公司应当选择 A 公司。

（二）验算

选择 A 公司时新兴公司现金净流量=2 500 000-2 000 000-（2 500 000÷1.09×9%-2 000 000÷1.09×9%）×（1+7%+3%+2%）-［2 500 000÷1.09-2 000 000÷1.09-（2 500 000÷1.09×9%-2 000 000÷1.09×9%）×（7%+3%+2%）］×25%=340 321.10（元）

选择 B 公司时新兴公司现金净流量=2 500 000-1 950 000-（2 500 000÷1.09×9%-1 950 000÷1.03×3%）×（1+7%+3%+2%）-［2 500 000÷1.09-1 950 000÷1.03-（2 500 000÷1.09×9%-1 950 000÷1.03×3%）×（7%+3%+2%）］×25%=286 814.24（元）

选择 C 公司时新兴公司现金净流量=2 500 000-1 900 000-2 500 000÷1.09×9%×（1+7%+3%+2%）-［2 500 000÷1.09-1 900 000-2 500 000÷1.09×9%×（7%+3%+2%）］×25%=276 605.50（元）

通过验算，选择 A 公司，新兴公司现金净流量最大，所以选择 A 公司。与筹划模型得出的筹划结论一致。

二、保险理赔的税务筹划

（一）税收法规

31 号公告第十一条规定，自 2019 年 10 月 1 日起，保险公司以实物赔付方式承担机动车辆保险责任的，自行向车辆修理劳务提供方购进的车辆修理劳务，可以从保险公司销项税额中抵扣；以现金赔付方式承担机动车辆保险责任的，将应付给被保险人的赔偿金直接支付给车辆修理劳务提供方，不得从保险公司销项税额中抵扣。

（二）税务筹划

保险公司与被保险人签订财产保险合同时，财产保险合同条款中约定对被保险人的损失以"实物赔付方式"承保的，因为增值税专用发票开具给保险公司，属于保险公司购买的服务，保险公司可以抵扣进项税额；财产保险合同条款中约定对被保险人的损失以"现金赔付方式"承保的，因为增值税专用发票开具给被保险人，不属于保险公司购买的服务，保险公司不得抵扣进项税额。因此，保险公司与被保险人签订财产保险合同时，最好采用"实物赔付方式"，降低保险公司增值税税负。

筹划案例 4-26

光明公司与新兴保险公司签订机动车辆保险合同，为其名下车辆投保车损险，双方在车险合同中约定赔付方式为"现金赔付方式"。保险期内光明公司发生车损事故，定损 22 600 元。光明公司在某汽修厂维修，修理费支出 22 600 元。请从税务筹划角度优化新兴保险公司车险合同中的赔付方式。

分析：

方案一：原合同中，新兴保险公司与光明公司的车险合同中约定赔付方式为"现金赔付方式"。新兴保险公司根据定损结果，应该支付给光明公司保险费 22 600 元；新兴保险公司与汽修厂达成维修协议，汽修厂为光明公司进行了车辆维修；车辆维修完毕后，新兴保险公司代光明公司支付维修费。新兴保险公司支付的维修费的进项税额不得从销项税额中抵扣。

方案二：新兴保险公司与光明公司的车险合同中约定赔付方式调整为"实物赔付方式"。新兴保险公司委托汽修厂按保险合同的约定对光明公司的车辆进行维修，恢复其功能及外观，履行保险约定。汽修厂提供的服务是新兴保险公司购买的，因此新兴保险公司应支付汽修厂相应的维修费，汽修厂开具专用发票给新兴保险公司，新兴保险公司据此抵扣的进项税额为 2 600 元（22 600÷1.13×13%）。

方案二比方案一新兴保险公司多抵扣进项税额 2 600 元，因此方案二比方案一新兴保险公司少负担增值税 2 600 元，因此应当选择方案二。

三、餐饮营销模式的税务筹划

（一）税收法规

31 号公告第十二条规定，自 2019 年 10 月 1 日起，纳税人现场制作食品并直接销售给消费者，按照"餐饮服务"缴纳增值税。

（二）税务筹划

纳税人将非现场制作的食品销售给消费者的行为，按照"销售货物"缴纳增值税，增值税税率为 13%。但是，纳税人现场制作食品并直接销售给消费者的行为，按照"餐饮服务"缴纳增值税，增值税税率为6%。因为餐饮服务业属于生活性服务业，所以允许餐饮服务业纳税人按照当期可抵扣进项税额加计15%抵减应纳税额[①]。因此，纳税人最好采用前店后厂的方式销售食品，降低增值税税负。

🛠 筹划案例 4-27

新兴餐饮公司20年前创立了某知名烤鸭品牌，为确保烤鸭品质，将品牌做大，新兴餐饮公司投资成立光明烤鸭加工公司专门从事烤鸭的生产。新兴餐饮公司从事餐饮服务和烤鸭的销售，卖出的烤鸭全部从光明烤鸭加工公司购进。目前，新兴餐饮公司销售烤鸭主要有三种方式：一是顾客在饭店现场消费烤鸭；二是顾客从外卖窗口购买烤鸭后带走；三是顾客网购烤鸭。2019年10月，光明烤鸭加工公司将800万元的烤鸭卖给新兴餐饮公司，光明烤鸭加工公司加工烤鸭可以抵扣的进项税额为66万元；新兴餐饮公司在饭店现场消费烤鸭的营业额为200万元，外卖窗口销售烤鸭的营业额为500万元，网络销售烤鸭的营业额为600万元。请从税务筹划角度优化新兴餐饮公司生产销售烤鸭的业务流程。（以上价格都为不含税价格）

分析：

方案一：新兴餐饮公司投资成立光明烤鸭加工公司。

光明烤鸭加工公司应缴纳增值税=800×13%-66=38（万元）

新兴餐饮公司现场消费烤鸭按照"餐饮服务"缴纳增值税，增值税税率6%。因为新兴餐饮公司销售的烤鸭全部都是由光明烤鸭加工公司生产的，不是新兴餐饮公司现场制作的烤鸭，所以外卖窗口和网络销售烤鸭按照"销售货物"缴纳增值税，增值税税率13%。

新兴餐饮公司应缴纳增值税=200×6%+（500+600）×13%-800×13%=51（万元）

光明烤鸭加工公司和新兴餐饮公司缴纳增值税合计=38+51=89（万元）

方案二：新兴餐饮公司注销光明烤鸭加工公司，在饭店内部制作烤鸭。

新兴餐饮公司现场消费烤鸭按照"餐饮服务"缴纳增值税，增值税税率6%。

---

① 《财政部　税务总局关于明确生活性服务业增值税加计抵减政策的公告》（财政部税务总局公告2019年第87号）

因为新兴餐饮公司销售的烤鸭全部都是由新兴餐饮公司现场生产的，所以外卖窗口和网络销售烤鸭按照"餐饮服务"缴纳增值税，增值税税率6%。

新兴餐饮公司应缴纳增值税=（200+500+600）×6%-66×（1+15%）=2.1（万元）

方案二比方案一少缴纳增值税86.9万元（89-2.1），所以应当选择方案二。

综上所述，在新的增值税政策下，相关企业采用上述策略，调整业务流程，就可以降低税负，提升企业盈利水平。

第五节　股利分配的税务筹划

股利分配是指企业向股东分派股利，是企业利润分配的一部分。股利分配的税务筹划主要包括两部分内容：第一，股利分配时间的税务筹划；第二，股利分配形式的税务筹划。下面分别进行探讨。

一、股利分配时间的税务筹划

现行企业所得税对股息红利所得的税收规定与股权投资转让所得的税收规定不一致。纳税人应该充分利用税收规定的差异，进行企业所得税筹划。

筹划案例4-28

2020年6月，新兴公司准备将其持有的光明公司80%的股权转让给丙公司，预计取得收入9 000万元，该项股权的计税成本为5 000万元。预计2020年7月光明公司将分配股息3 000万元。请对股利分配业务进行税务筹划。

【税收法规】

企业所得税法规定的免税收入包括：

（1）国债利息收入。

（2）符合条件的居民企业之间的股息、红利等权益性收益（是指居民企业直接投资于其他居民企业取得的投资收益）。

（3）在中国境内设立机构、场所的非居民企业从居民企业取得与该机构、场所有实际联系的股息、红利等权益性投资收益。该收益不包括连续持有居民企业公开发行并上市流通的股票不足12个月取得的投资收益。

（4）符合条件的非营利组织的收入。

【筹划策略】

方案一：光明公司分配股息前新兴公司直接向丙公司转让其持有的光明公司80%的股权，转让价格为9 000万元。

新兴公司应缴纳企业所得税=（9 000-5 000）×25%=1 000（万元）

方案二：光明公司分配股息后，新兴公司将持有的光明公司80%的股权转让给丙公司。

新兴公司先从光明公司分配股息=3 000×80%=2 400（万元）

分配的股息免征企业所得税。

新兴公司股权转让收入=9 000-2 400=6 600（万元）

新兴公司股权转让所得=6 600-5 000=1 600（万元）

新兴公司股权转让所得应纳企业所得税=1 600×25%=400（万元）

【筹划结论】

方案二比方案一新兴公司少缴纳企业所得税600万元（1 000-400），所以应当选择方案二。

二、股利分配形式的税务筹划

股利分配的支付方式主要有现金股利和股票股利两种。其中，现金股利是股利支付的主要方式。股票股利，是公司以发放的股票作为股利的支付方式。

筹划案例4-29

新兴公司目前发行在外的普通股为5 000万股，每股市价为20元。假定现在有9 000万元的留存收益可供分配，为了比较的方便，假定用金额相等的留存收益发放现金股利与股票股利，并假定股东均为个人。股东持股时间均为8个月。有以下两种股利分配方案可供选择：

方案一：发放现金股利9 000万元，每股股利1.8元（9 000÷5 000）。

方案二：发放股票股利，每10股发放1股，共500万股，除权价约等于每股18.18元（20÷（1+0.1））。

请对新兴公司股利分配业务进行税务筹划。

【税收法规】

1.现行个人所得税法规定，个人从上市公司取得的股息红利实行差别化个人所得税规定。股息红利差别化个人所得税税率见表4-5。

表4-5　　　　股息红利差别化个人所得税税率表

类型	个人所得税税率
持股期限≤1个月	20%
1个月＜持股期限≤1年	10%
持股期限＞1年	免征个人所得税

2.现行个人所得税法规定，以股票形式向股东个人支付应得的股息、红利（即派发红股），应以派发红股的股票票面金额为收入额，按利息、股息、红利项目计征个人所得税。

【筹划策略】

方案一：发放现金股利。

全体股东合计应纳个人所得税=9 000×10%=900（万元）

方案二：发放股票股利。

全体股东合计应纳个人所得税=500×10%=50（万元）

【筹划结论】

方案二比方案一，股东少缴纳个人所得税850万元（900-50），所以应当选择方案二。

第六节　个人综合所得的税务筹划

居民个人取得的工资、薪金所得以及劳务报酬所得、稿酬所得、特许权使用费所得这四种形式的收入，需要按照综合所得计算缴纳个人所得税。

一、综合所得税收法规

（一）居民个人的综合所得

1.居民个人的综合所得，以每一纳税年度的收入额减除费用6万元以及专项扣除、专项附加扣除和依法确定的其他扣除后的余额，为应纳税所得额。

$$\frac{\text{应纳}}{\text{税额}} = \frac{\text{应纳税}}{\text{所得额}} \times \frac{\text{适用}}{\text{税率}} - \frac{\text{速算}}{\text{扣除数}}$$

$$= \left(\frac{\text{每一纳税}}{\text{年度的收入额}} - \frac{\text{减除费用}}{6万元} - \frac{\text{专项}}{\text{扣除}} - \frac{\text{专项}}{\text{附加扣除}} - \frac{\text{依法确定的}}{\text{其他扣除}} \right) \times \frac{\text{适用}}{\text{税率}} - \frac{\text{速算}}{\text{扣除数}}$$

2.收入额

工资、薪金所得按照收入全额作为收入额；劳务报酬所得、稿酬所得、特许权使用费所得以收入减除20%①的费用后的余额为收入额；另外，稿酬所得的收入额减按70%计算。

3.扣除项目

（1）专项扣除（三险一金），包括居民个人按照国家规定的范围和标准缴纳的基本养老保险、基本医疗保险、失业保险等社会保险费和住房公积金等。

（2）专项附加扣除，包括子女教育、继续教育、大病医疗、住房贷款利息或者住房租金、赡养老人等支出。

（3）依法确定的其他扣除，包括个人缴付符合国家规定的企业年金、职业年金，个人购买符合国家规定的商业健康保险、税收递延型商业养老保险的支出，以及国务院规定可以扣除的其他项目。自2017年7月1日起，对个人购买符合规定的商业健康保险产品的支出，允许在当年计算应纳税所得额时予以扣除，扣除限额为2 400元/年。

4.税率

居民个人的综合所得适用的七级超额累进税率见表4-6。

---

① 不满4 000元的扣除800元。

表4-6   个人所得税税率表（综合所得适用）

级数	全年应纳税所得额	税率(%)	速算扣除数(元)
1	不超过 36 000 元的	3	0
2	超过 36 000 元至 144 000 元的部分	10	2 520
3	超过 144 000 元至 300 000 元的部分	20	16 920
4	超过 300 000 元至 420 000 元的部分	25	31 920
5	超过 420 000 元至 660 000 元的部分	30	52 920
6	超过 660 000 元至 960 000 元的部分	35	85 920
7	超过 960 000 元的部分	45	181 920

（二）专项附加扣除

1.子女教育

纳税人的子女接受学前教育和学历教育的相关支出，按照每个子女每月 1 000 元的标准定额扣除。

2.继续教育

（1）纳税人接受学历（学位）继续教育的支出，在学历（学位）教育期间按照每月 400 元定额扣除，同一学历（学位）继续教育的扣除期限不得超过 48 个月。

（2）纳税人接受技能人员职业资格继续教育、专业技术人员职业资格继续教育的支出，在取得相关证书的当年，按照 3 600 元定额扣除。

3.大病医疗

一个纳税年度内，纳税人发生的与基本医保相关的医药费用支出，扣除医保报销后个人负担累计超过 15 000 元的部分，由纳税人在办理年度汇算清缴时，在 80 000 元限额内据实扣除。纳税人发生的医药费用支出，可以选择由本人或者其配偶扣除；未成年子女发生的医药费用支出，可以选择由其父母一方扣除。

4.住房贷款利息

纳税人本人或者配偶单独或者共同使用商业银行或者住房公积金个

人住房贷款为本人或者其配偶购买中国境内住房，发生的首套住房贷款利息支出，在实际发生贷款利息的年度，按照每月1 000元的标准定额扣除，扣除期限最长不超过240个月。

5.住房租金

纳税人在主要工作城市没有自有住房而发生的住房租金支出，可以按照以下标准定额扣除：

（1）直辖市、省会（首府）城市、计划单列市以及国务院确定的其他城市，扣除标准为每月1 500元；

（2）除第一项所列城市以外，市辖区户籍人口超过100万人的城市，扣除标准为每月1 100元；市辖区户籍人口不超过100万人的城市，扣除标准为每月800元。

夫妻双方主要工作城市相同的，只能由一方扣除住房租金支出。

6.赡养老人

纳税人赡养一位及以上被赡养人的赡养支出，统一按照以下标准定额扣除：

（1）纳税人为独生子女的，按照每月2 000元的标准定额扣除；

（2）纳税人为非独生子女的，由其与兄弟姐妹分摊每月2 000元的扣除额度，每人分摊的额度不能超过每月1 000元。

二、综合所得的税务筹划

（一）工资、薪金所得的转化

1.工资、薪金所得转化为劳务报酬所得、稿酬所得、特许权使用费所得

劳务报酬所得、稿酬所得、特许权使用费所得以收入减除20%的费用后的余额计入综合所得，工资、薪金所得按照收入全额计入综合所得。如果纳税人把工资、薪金所得转化为劳务报酬所得、稿酬所得、特许权使用费所得，就可以降低个人所得税税负。

筹划案例4-30

宋超为新兴公司员工，全年取得工资、薪金所得170 000元，另外

为光明公司撰写剧本，全年取得收入330 000元。全年个人负担的三险
一金27 000元，全年专项附加扣除48 000元。宋超没有其他综合收入。
请对宋超的综合所得进行税务筹划。

【筹划策略】

综合所得税前可以扣除的全部项目：

1.减除费用=60 000元

2.专项扣除=27 000元

3.专项附加扣除=48 000元

4.法定扣除项目合计=60 000+27 000+48 000=135 000（元）

方案一：宋超与新兴公司和光明公司都建立固定的雇佣关系，宋超
从新兴公司和光明公司取得的所得都按工资、薪金所得计算。

1.应纳税所得额=（170 000+330 000）－135 000=365 000（元）

2.综合所得应缴纳个人所得税=365 000×25%－31 920=59 330（元）

方案二：宋超与新兴公司建立固定的雇佣关系，按照工资、薪金所
得计算个人所得税；宋超与光明公司建立非雇佣关系，按照劳务报酬所
得计算个人所得税。

1.劳务报酬收入330 000元扣除20%计入应纳税所得额。

2.应纳税所得额=170 000+330 000×（1-20%）－135 000=299 000（元）

3.综合所得应缴纳个人所得税=299 000×20%－16 920=42 880（元）

【筹划结论】

方案二比方案一少缴纳个人所得税16 450元（59 330-42 880），所
以应当选择方案二。

2.工资、薪金所得转化为经营所得

综合所得采用3%到45%的七级超额累进税率征收，综合年所得96
万元（月所得8万元）以上税率达到45%。对既有工资薪金收入又有劳
务报酬收入、稿酬收入和特许权使用费收入，年综合收入几十万元甚至
上百万元的人群而言，个人所得税非常高。个人所得税法规定经营所得
按5%到35%的五级超额累进税率征收，如果纳税人将综合所得转化为
经营所得，就可以降低个人所得税税负。

筹划案例 4-31

赵教授是北京某高校老师，在北京某高校任职全年工资薪金收入为 200 000 元，全年个人负担的三险一金 24 000 元，全年专项附加扣除 36 000 元。同时，赵教授在培训机构讲课全年收入 100 000 元，为公司提供咨询服务全年收入 90 000 元，写书取得稿酬所得 30 000 元。请对赵教授的综合所得进行税务筹划。

【税法规定】

现行个人所得税法规定，既有综合所得又有经营所得，则个人的减除费用、专项扣除、专项附加扣除、依法确定的其他扣除，只能在综合所得中扣除。

【筹划策略】

综合所得税前可以扣除的全部项目：

1. 减除费用 =60 000 元

2. 专项扣除 =24 000 元

3. 专项附加扣除合计 =36 000 元

4. 法定扣除项目合计 =60 000+24 000+36 000=120 000（元）

方案一：原方案。

高校取得的收入 200 000 元属于工资、薪金，在培训机构的讲课收入 100 000 元和咨询服务收入 90 000 元属于劳务报酬，稿酬 30 000 元属于稿酬所得，都属于综合所得。

1. 应纳税所得额 =200 000+（100 000+90 000+30 000×70%）×（1-20%）-120 000

   =248 800（元）

2. 综合所得应缴纳个人所得税 =248 800×20%-16 920=32 840（元）

方案二：赵教授注册成立一家个人独资企业。赵教授以个人名义从高校取得收入 200 000 元、稿酬 30 000 元和讲课收入 100 000 元。咨询服务收入 90 000 元以合作服务费的形式转给赵教授名下的个人独资企业。

1. 综合所得个人所得税的计算。

（1）应纳税所得额 =200 000+30 000×70%×（1-20%）+100 000×（1-20%）-120 000

   =176 800（元）

（2）综合所得应缴纳个人所得税=176 800×20%－16 920=18 440（元）

2.经营所得个人所得税的计算（适用税率见表3-6）。

经营所得应缴纳个人所得税=90 000×10%－1 500=7 500（元）

3.综合所得和经营所得应缴纳个人所得税合计=18 440+7 500=25 940（元）

【筹划结论】

方案二比方案一少缴纳个人所得税6 900元（32 840－25 940），所以应当选择方案二。

3.工资、薪金所得转化为住房公积金

《财政部　国家税务总局关于基本养老保险费 基本医疗保险费 失业保险费 住房公积金有关个人所得税政策的通知》（财税〔2006〕10号）规定：单位和个人分别在不超过职工本人上一年度月平均工资12%的幅度内，其实际缴存的住房公积金，允许在个人应纳税所得额中扣除。如果单位利用住房公积金允许在个人应纳税所得额中扣除的政策，按照住房公积金比例上限12%缴存住房公积金，加大专项扣除金额，减少综合所得全年应纳税所得额，就可以降低个人所得税税负。

筹划案例 4-32

李明为新兴公司员工，2020年全年取得工资薪金所得180 000元，当地规定的社会保险和住房公积金个人缴存比例：基本养老保险8%、基本医疗保险2%、失业保险0.5%，住房公积金8%～12%。李明缴纳社会保险核定的月缴费工资基数为12 000元，专项附加扣除合计为48 000元。李明没有其他综合收入。请对李明的综合所得进行税务筹划。

【筹划策略】

方案一：新兴公司住房公积金缴存比例为8%。

1.减除费用=60 000元

2.专项扣除=12 000×（8%+2%+0.5%+8%）×12=26 640（元）

3.专项附加扣除=48 000元

4.法定扣除项目合计=60 000+26 640+48 000=134 640（元）

5.李明2020年综合所得应缴纳个人所得税=（180 000-134 640）×10%-2 520

=2 016（元）

方案二：新兴公司住房公积金缴存比例为上限12%。

1.减除费用=60 000元

2.专项扣除=12 000×（8%+2%+0.5%+12%）×12=32 400（元）

3.专项附加扣除=48 000元

4.法定扣除项目合计=60 000+32 400+48 000=140 400（元）

5.李明2020年综合所得应缴纳个人所得税=（180 000-140 400）×10%-2 520

=1 440（元）

【筹划结论】

方案二比方案一李明2020年少缴纳个人所得税576元（2 016-1 440），所以应当选择方案二。

4.工资、薪金所得转化成股利

对于年薪上百万的股东，其取得的工资所得适用的综合所得个人所得税税率一般会超过30%，甚至达到45%。但是，股东取得的股利所得按照20%缴纳个人所得税。如果将年薪上百万的股东的部分工资转化成股利，就可以降低个人所得税税负。

筹划案例 4-33

李先生是新兴公司的一名股东，同时其在公司任职，2020年新兴公司支付李先生工资、薪金1 200 000元，全年个人负担的三险一金50 000元，全年专项附加扣除48 000元。李先生没有其他综合收入。请对李先生的综合所得进行税务筹划。

【筹划策略】

1.减除费用=60 000元

2.专项扣除=50 000元

3.专项附加扣除=48 000元

4.法定扣除项目合计=60 000+50 000+48 000=158 000（元）

方案一：新兴公司全年支付李先生工资薪金1 200 000元。

李先生2020年综合所得应缴纳个人所得税=（1 200 000-158 000）×45%-181 920

$$=286\,980（元）$$

方案二：新兴公司全年支付李先生工资薪金300 000元，支付李先生股息900 000元。

李先生2020年综合所得应缴纳个人所得税=（300 000-158 000）×10%-2 520

$$=11\,680（元）$$

李先生2020年股息应缴纳个人所得税=900 000×20%=180 000（元）

李先生2020年共应缴纳个人所得税=11 680+180 000=191 680（元）

【筹划结论】

方案二比方案一李先生2020年少缴纳个人所得税95 300元（286 980-191 680），所以应当选择方案二。

5.股利转化成工资、薪金所得

对于综合所得税年应纳税所得额低于14 400元的股东，其取得的工资所得适用的综合所得个人所得税税率不超过20%。但是，股东取得的股利所得按照20%缴纳个人所得税。如果股东的部分股利转化为工资、薪金所得，就可以降低股东的个人所得税税负。

筹划案例4-34

李先生是新兴公司的一名股东，同时其在公司任职，2020年新兴公司每月支付李先生工资、薪金12 500元，全年个人负担的三险一金30 000元，全年专项附加扣除24 000元，2020年新兴公司支付李先生股息300 000元。李先生没有其他综合收入。请对李先生的综合所得进行税务筹划。

【筹划策略】

1.减除费用=60 000元

2.专项扣除=30 000元

3.专项附加扣除=24 000元

4.法定扣除项目合计=60 000+30 000+24 000=114 000（元）

方案一：新兴公司每月支付李先生工资薪金12 500元，支付李先生股息300 000元。

李先生2020年综合所得应缴纳个人所得税=（12 500×12-114 000）×3%=1 080（元）

李先生 2020 年股息应缴纳个人所得税=300 000×20%=60 000（元）

李先生 2020 年共应缴纳个人所得税=1 080+60 000=61 080（元）

方案二：新兴公司将股息 108 000 元转化为工资薪金，每月支付李先生工资薪金 21 500 元（108 000÷12+12 500），支付李先生股息 192 000 元（300 000-108 000）。

李先生 2020 年综合所得应缴纳个人所得税=（21 500×12-114 000）×10%-2 520

$$=11\,880（元）$$

李先生 2020 年股息应缴纳个人所得税=192 000×20%=38 400（元）

李先生 2020 年共应缴纳个人所得税=11 880+38 400=50 280（元）

【筹划结论】

方案二比方案一李先生 2020 年少缴纳个人所得税 10 800 元（61 080-50 280），所以应当选择方案二。

（二）专项附加扣除的分配

个人所得税专项附加扣除包括大病医疗、住房贷款利息、住房租金、子女教育、继续教育和赡养老人六个方面。其中，住房贷款利息、子女教育和大病医疗可以选择由夫妻一方 100% 扣除或双方各 50% 扣除；继续教育既可以选择由其父母扣除，也可以选择由本人扣除；赡养老人可以由兄弟姐妹分摊扣除。这些选择权提供了个人所得税税务筹划的空间。

筹划案例 4-35

居民纳税人赵刚，2020 年取得工资、薪金收入 250 000 元，个人缴纳的三险一金合计 50 000 元，劳务报酬 70 000 元，稿酬 20 000 元。赵刚妻子李静，2019 年取得工资、薪金收入 90 000 元，个人缴纳的三险一金合计 30 000 元。夫妻双方育有两个女儿分别为 5 岁和 8 岁，夫妻双方每月支付首套房住房贷款利息 6 000 元，大女儿在 2020 年 10 月发生大病医疗支出，自费部分 55 000 元。请对赵刚和李静的综合所得进行税务筹划。

【税收法规】

1.子女教育属于个人所得税专项附加扣除。子女教育扣除的规定如下：

（1）纳税人的子女接受全日制学历教育的相关支出，按照每个子女每月1 000元的标准定额扣除。

学历教育包括义务教育（小学、初中教育）、高中阶段教育（普通高中、中等职业、技工教育）、高等教育（大学专科、大学本科、硕士研究生、博士研究生教育）。

（2）父母可以选择由其中一方按扣除标准的100%扣除，也可以选择由双方分别按扣除标准的50%扣除，具体扣除方式在一个纳税年度内不能变更。

（3）纳税人子女在中国境外接受教育的，纳税人应当留存境外学校录取通知书、留学签证等相关教育的证明资料备查。

2.住房贷款利息属于个人所得税专项附加扣除。住房贷款利息扣除的规定如下：

（1）纳税人只能享受一次首套住房贷款的利息扣除。首套住房贷款是指购买住房享受首套住房贷款利率的住房贷款。

（2）经夫妻双方约定，可以选择由其中一方扣除，具体扣除方式在一个纳税年度内不能变更。

夫妻双方婚前分别购买住房发生的首套住房贷款，其贷款利息支出，婚后可以选择其中一套购买的住房，由购买方按扣除标准的100%扣除，也可以由夫妻双方对各自购买的住房分别按扣除标准的50%扣除，具体扣除方式在一个纳税年度内不能变更。

3.大病医疗属于个人所得税专项附加扣除。大病医疗扣除的规定如下：

（1）在一个纳税年度内，纳税人发生的与基本医保相关的医药费用支出，扣除医保报销后个人负担（指医保目录范围内的自付部分）累计超过15 000元的部分，由纳税人在办理年度汇算清缴时，在80 000元限额内据实扣除。

（2）纳税人发生的医药费用支出可以选择由本人或者其配偶扣除；未成年子女发生的医药费用支出可以选择由其父母一方扣除。

纳税人及其配偶、未成年子女发生的医药费用支出，按规定分别计算扣除额。

【筹划策略】

方案一：赵刚和李静分别按子女教育扣除标准的50%扣除；赵刚和李静首套房贷款利息分别按扣除标准的50%扣除。大女儿的大病医疗支出选择由李静扣除。

子女教育扣除金额合计=1 000×12×2=24 000（元）

赵刚和李静每年分别扣除子女教育支出=24 000÷2=12 000（元）

住房贷款利息扣除金额合计=1 000×12=12 000（元）

赵刚和李静每年分别扣除住房贷款利息=12 000÷2=6 000（元）

李静扣除大病医疗支出=55 000–15 000=40 000（元）

1.赵刚个人所得税的计算。

（1）减除费用=60 000元

（2）专项扣除=50 000元

（3）专项附加扣除合计=12 000+6 000=18 000（元）

（4）法定扣除项目合计=60 000+50 000+18 000=128 000（元）

（5）全年应纳税所得额=250 000+70 000×（1–20%）+20 000×70%×（1–20%）–128 000= 189 200（元）

（6）综合所得应缴纳个人所得税=189 200×20%–16 920=20 920（元）

2.李静个人所得税的计算。

（1）减除费用=60 000元

（2）专项扣除=30 000元

（3）专项附加扣除合计=12 000+6 000+40 000=58 000（元）

（4）法定扣除项目合计=60 000+30 000+58 000=148 000（元）

（5）全年应纳税所得额=90 000–148 000=–58 000（元）＜0

（6）综合所得应缴纳个人所得税=0

3.赵刚和李静共缴纳个人所得税=20 920元

方案二：赵刚按子女教育和首套房贷款利息扣除标准的100%扣除，大女儿的大病医疗支出选择由赵刚扣除。

1.赵刚个人所得税的计算。

（1）减除费用=60 000元

（2）专项扣除=50 000元

（3）子女教育扣除金额=1 000×12×2=24 000（元）

（4）住房贷款利息扣除金额合计=1 000×12=12 000（元）

（5）扣除大病医疗支出=55 000-15 000=40 000（元）

（6）法定扣除项目合计=60 000+50 000+24 000+12 000+40 000=186 000（元）

（7）全年应纳税所得额=250 000+70 000×（1-20%）+20 000×70%×（1-20%）-186 000=131 200（元）

（8）综合所得应缴纳个人所得税=131 200×10%-2 520=10 600（元）

2.李静个人所得税的计算。

（1）减除费用=60 000元

（2）专项扣除=30 000元

（3）法定扣除项目合计=60 000+30 000=90 000（元）

（4）全年应纳税所得额=90 000-90 000=0

（5）综合所得应缴纳个人所得税=0

3.赵刚和李静共缴纳个人所得税=10 600元

【筹划结论】

方案二比方案一少缴纳个人所得税10 320元（20 920-10 600），所以应当选择方案二。

筹划案例4-36

2020年，王先生85岁，由甲、乙、丙姐弟三人赡养。甲已经退休，乙、丙还没有退休。甲除养老金外没有其他收入。请筹划甲、乙、丙三人分摊赡养老人支出的金额。

【税法规定】

1.赡养老人属于个人所得税专项附加扣除。被赡养人是指年满60岁的父母，以及子女均已去世的年满60岁的祖父母、外祖父母。

纳税人赡养一位及以上被赡养人的赡养支出，统一按照以下标准定额扣除：

（1）纳税人为独生子女的，按照每月2 000元的标准定额扣除；

（2）纳税人为非独生子女的，由其与兄弟姐妹分摊每月2 000元的扣除额度，每人分摊的额度不能超过每月1 000元。可以由赡养人均摊或者约定分摊，也可以由被赡养人指定分摊。约定或者指定分摊的须签订书面分摊协议，指定分摊优先于约定分摊。具体分摊方式和额度在一个纳税年度内不能变更。

2.按照国家统一规定发给干部、职工的安家费、退职费、基本养老金或者退休费、离休费、离休生活补助费免征个人所得税。

【税务筹划】

方案一：甲、乙、丙三人平均分摊赡养老人扣除金额。

甲、乙、丙每人可以分摊的赡养老人扣除金额=2 000÷3×12=8 000（元）

方案二：甲不分摊赡养老人扣除金额，乙和丙两人平均分摊赡养老人扣除金额。

乙、丙每人可以分摊的赡养老人扣除金额=2 000÷2×12=12 000（元）

【筹划结论】

方案一，甲已经退休，甲全年取得的养老金免征个人所得税，因此甲每年分摊的赡养老人扣除金额8 000元没有发挥减税作用。方案二乙和丙每人分摊赡养老人扣除金额比方案一多4 000元（12 000−8 000），可以进一步降低乙和丙的个人所得税税负。因此，应当选择方案二。

（三）利用税收优惠

纳税人需要充分利用个人所得税中的免税收入和不征税收入来降低个人所得税税负。

筹划案例4-37

李明是新兴公司的一名员工，李明经常出差替公司办事，新兴公司为李明报销外出饭费和交通费，计入其工资，但是不给予其出差补助和误餐补助。2019年新兴公司每月向李明支付工资、薪金22 250元，个人负担三险一金2 250元/月，李明是独生子，其父母都已经超过60岁。李明没有其他综合收入。请对李明的综合所得进行税务筹划。

【税收法规】

现行个人所得税法规定下列项目不属于工资、薪金性质，不需要缴纳个人所得税：

（1）独生子女补贴。

（2）执行公务员工资制度未纳入基本工资总额的补贴、津贴差额和家属成员的副食品补贴。

（3）托儿补助费。

（4）差旅费津贴、误餐补助。其中，误餐补助是指按照财政部规定，个人因公在城区工作，不能在工作单位或返回就餐的，根据实际误餐顿数，按规定的标准领取的误餐费。

【筹划策略】

1.减除费用=60 000元

2.专项扣除=2 250×12=27 000（元）

3.专项附加扣除的计算：

李明赡养老人支出实行定额扣除，每年扣除24 000元（2 000×12）。

4.法定扣除项目合计=60 000+27 000+24 000=111 000（元）

方案一：单位不支付李明出差补助和误餐补助。

李明2019年应缴纳个人所得税=（22 250×12-111 000）×20%-16 920=14 280（元）

方案二：新兴公司不再为李明报销外出饭费和交通费，单位每天支付李明出差补助和误餐补助180元，李明2019年共出差70天，2019年共取得出差补助和误餐补助12 600元（180×70）。

按照个人所得税法的规定，李明取得的出差补助和误餐补助12 600元不属于工资、薪金性质，不需要缴纳个人所得税。

李明2019年应缴纳个人所得税=（22 250×12-111 000-12 600）×10%-2 520
=11 820（元）

【筹划结论】

方案二比方案一李明2019年少缴纳个人所得税2 460元（14 280-11 820），所以应当选择方案二。

（四）全年一次性奖金税务筹划

2018年12月27日，财政部和税务总局联合发布了《关于个人所得税法修改后有关优惠政策衔接问题的通知》（以下简称财税〔2018〕164号文）。财税〔2018〕164号文规定在2021年12月31日前，居民纳税人取得全年一次性奖金，可以单独计算缴纳个人所得税，也可以选择并入当年综合所得计算纳税。全年一次性奖金的选择权为纳税人提供了个人所得税筹划的空间。

全年一次性奖金单独计税方法可以概括为三步：

第一步，选择。居民纳税人选择全年一次性奖金是否并入当年综合所得。如果并入当年综合所得计算纳税，该流程终止。如果不并入当年综合所得就进入第二步。

第二步：找税率。在2019年1月1日到2021年12月31日期间，用全年一次性奖金收入除以12个月得到的商数，查找并确定适用税率和速算扣除数（见表4-7）。

表4-7　　　　　个人所得税税率表（综合所得适用）

级数	全月应纳税所得额	税率(%)	速算扣除数(元)
1	不超过3 000元的	3	0
2	超过3 000元至12 000元的部分	10	210
3	超过12 000元至25 000元的部分	20	1 410
4	超过25 000元至35 000元的部分	25	2 660
5	超过35 000元至55 000元的部分	30	4 410
6	超过55 000元至80 000元的部分	35	7 160
7	超过80 000元的部分	45	15 160

第三步，计算。将全年一次性奖金单独作为一次收入，按照确定的税率和速算扣除数，单独计算纳税。其计算公式为：

应纳税额=全年一次性奖金收入×适用税率－速算扣除数

全年一次性奖金的税务筹划需要从两个方面分析：第一，筹划全年一次性奖金是否单独计算；第二，如果全年一次性奖金单独计算，全年一次性奖金分配的金额。

1.全年一次性奖金是否单独计算的筹划方法

全年一次性奖金是否单独计算依据全年应纳税所得额判断，具体判断方法见表4-8。

表4-8 全年一次性奖金是否单独计算判断依据

序号	全年应纳税所得额	全年一次性奖金
1	$(-\infty, 0]$	合并
2	$(0, 36\,000]$	合并
3	$(36\,000, +\infty)$	单独

$$全年应纳税所得额 = \left(综合所得收入额 + 全年一次性奖金\right) - 减除费用6万元 - 专项扣除 - 专项附加扣除 - 依法确定的其他扣除$$

筹划案例 4-38

新兴公司李静2020年每月工资7 000元，个人负担三险一金2 500元/月，李静的独生子正在读初中，李静为独生女，其父母都已经超过60岁，李静正在偿还首套住房贷款及利息，2020年李静取得全年一次性奖金36 000元，李静没有其他综合收入。请对李静收入进行个人所得税筹划。

【筹划策略】

（一）利用表4-8的筹划结论

第一步：计算综合所得税前可以扣除的全部项目

1.减除费用=60 000元

2.专项扣除=2 500×12=30 000（元）

3.专项附加扣除的计算：

①子女教育支出实行定额扣除，每年扣除12 000元（1 000×12）；

②首套住房贷款利息支出实行定额扣除，每年扣除12 000元（1 000×12）；

③赡养老人支出实行定额扣除，每年扣除24 000元（2 000×12）；

④专项附加扣除合计=12 000+12 000+24 000=48 000（元）

4.法定扣除项目合计=60 000+30 000+48 000=138 000（元）

第二步：计算全年应纳税所得额

全年应纳税所得额=7 000×12+36 000-138 000=-18 000（元）

第三步：全年一次性奖金的计算方法

全年应纳税所得额=-18 000元＜0，根据表4-8，全年一次性奖金36 000元与全年工资合并。

（二）验算

方案一：全年一次性奖金36 000元单独计税。

1.全年综合所得个人所得税的计算

全年综合所得额=7 000×12-138 000=-54 000（元）＜0

全年综合所得不缴纳个人所得税。

2.全年一次性奖金个人所得税的计算

36 000÷12=3 000（元）

根据表4-7，适用3%的个人所得税税率。

全年一次性奖金应纳个人所得税=36 000×3%=1 080（元）

共缴纳个人所得税=1 080元

方案二：全年一次性奖金36 000元与全年工资合并。

全年综合所得=7 000×12+36 000-138 000=-18 000（元）＜0

全年综合所得不缴纳个人所得税。

通过验算，选择方案二，全年一次性奖金36 000元与全年工资合并，综合所得个人所得税税负最低，与表4-8结论一致。

筹划案例4-39

新兴公司李静2020年每月工资10 000元，全年个人负担三险一金30 000元，全年专项附加扣除合计48 000元，2020年李静取得全年一次性奖金36 000元，李静没有其他综合收入。请对李静的收入进行个人所得税筹划。

【筹划策略】

（一）利用表4-8的筹划结论

第一步：计算综合所得税前可以扣除的全部项目

1.减除费用=60 000元

2.专项扣除=30 000元

3.专项附加扣除合计=48 000元

4.法定扣除项目合计=60 000+30 000+48 000=138 000（元）

第二步：计算全年应纳税所得额

全年应纳税所得额=10 000×12+36 000-138 000=18 000（元）

第三步：全年一次性奖金的计算方法

0＜全年应纳税所得额18 000元＜36 000元

根据表4-8，全年一次性奖金36 000元与全年工资合并。

（二）验算

方案一：全年一次性奖金36 000元单独计税。

1.全年综合所得个人所得税的计算

全年综合所得额=10 000×12-138 000=-18 000（元）＜0

全年综合所得不缴纳个人所得税。

2.全年一次性奖金个人所得税的计算

36 000÷12=3 000（元）

根据表4-7，适用3%的个人所得税税率。

全年一次性奖金应纳个人所得税=36 000×3%=1 080（元）

共缴纳个人所得税=1 080元

方案二：全年一次性奖金36 000元与全年工资合并。

全年综合所得=10 000×12+36 000-138 000=18 000（元）

全年综合所得应缴纳个人所得税=18 000×3%=540（元）

通过验算，选择方案二，全年一次性奖金36 000元与全年工资合并，整体个人所得税税负最低，与表4-8结论一致。

2.全年一次性奖金金额分配的税务筹划

如果全年一次性奖金单独计算，全年一次性奖金金额的多少，直接关系到纳税人个人所得税的税负。纳税人在确定全年一次性奖金的金额时需要注意两点：第一，全年一次性奖金的金额不要落到"禁区区间"；第二，全年一次性奖金的金额最好落到"最优点"。

（1）全年一次性奖金的金额不要落到"禁区区间"。

因为全年一次性奖金单独计税适用的税率实质上是全额累进税率，所以在税率临界点附近，即 36 000 元、144 000 元、300 000 元、420 000 元、660 000 元、960 000 元，会出现个人所得税增长速度超过全年一次性奖金增长速度。因此，企业发放全年一次性奖金一定要把握好尺度，保证职工个人税前全年一次性奖金增加的同时税后全年一次性奖金也随之增加。

每一等级全年一次性奖金的"禁区区间"的计算方法是：计算每一等级全年一次性奖金无差别点（奖金临界点的税后收入=奖金无差别点的税后收入），奖金临界点到奖金无差别点的区间就是全年一次性奖金的"禁区区间"。例如："禁区区间 1"的计算方法是：税前全年一次性奖金的临界点为 36 000 元，需要缴纳个人所得税 1 080 元（36 000×3%），税后收入为 34 920 元（36 000−1 080）。设全年一次性奖金无差别点为 A，则 A−（A×10%−210）=34 920，解得 A=38 566.67 元，即企业在 36 001～38 566.67 元之间发放全年一次性奖金时，税后全年一次性奖金少于 34 920 元，还不如发放 36 000 元全年一次性奖金。"禁区区间 2"到"禁区区间 6"的计算方法与"禁区区间 1"相同，全年一次性奖金禁区区间计算表见表 4-9。

表4-9　　　　　　全年一次性奖金禁区区间计算表

禁区区间	全年一次性奖金	多发奖金	应纳个人所得税	增加个人所得税	税后所得
禁区区间1	36 000.00		1 080.00		34 920.00
	36 001.00	1.00	3 390.10	2 310.10	32 610.90
	38 566.67	2 566.67	3 646.67	2 566.67	34 920.00
禁区区间2	144 000.00		14 190.00		129 810.00
	144 001.00	1.00	27 390.20	13 200.20	116 610.80
	160 500.00	16 500.00	30 690.00	16 500.00	129 810.00
禁区区间3	300 000.00		58 590.00		241 410.00
	300 001.00	1.00	72 340.25	13 750.25	227 660.75
	318 333.33	18 333.33	76 923.33	18 333.33	241 410.00

禁区区间	全年一次性奖金	多发奖金	应纳个人所得税	增加个人所得税	税后所得
禁区区间4	420 000.00		102 340.00		317 660.00
	420 001.00	1.00	121 590.30	19 250.30	298 410.70
	447 500.00	27 500.00	129 840.00	27 500.00	317 660.00
禁区区间5	660 000.00		193 590.00		466 410.00
	660 001.00	1.00	223 840.35	30 250.35	436 160.65
	706 538.46	46 538.46	240 128.46	46 538.46	466 410.00
禁区区间6	960 000.00		328 840.00		631 160.00
	960 001.00	1.00	416 840.45	88 000.45	543 160.55
	1 120 000.00	160 000.00	488 840.00	160 000.00	631 160.00

根据表4-9，整理出相关禁区区间数据，见表4-10。建议企业可以把多出来的全年一次性奖金计入工资、薪金所得，或者给职工报销电话费、交通费这些与企业经营有关的发票，或者干脆不发而采用给职工提供带薪休假等进行补偿。

表4-10　　　　　　　　税前全年一次性奖金禁区区间

禁区区间1	(36 000, 38 566.67]
禁区区间2	(144 000, 160 500]
禁区区间3	(300 000, 318 333.33]
禁区区间4	(420 000, 447 500]
禁区区间5	(660 000, 706 538.46]
禁区区间6	(960 000, 1 120 000]

筹划案例4-40

新兴公司李静2020年每月工资16 000元，全年个人负担三险一金

30 000元，全年专项附加扣除合计48 000元，2020年12月李静取得全年一次性奖金36 001元，李静没有其他综合收入。请对李静的收入进行个人所得税筹划。

【筹划策略】

第一步，计算综合所得税前可以扣除的全部项目：

1. 减除费用=60 000元

2. 专项扣除=30 000元

3. 专项附加扣除合计=48 000元

4. 法定扣除项目合计=60 000+30 000+48 000=138 000（元）

第二步，计算全年应纳税所得额：

全年应纳税所得额=16 000×12+36 001−138 000=90 001（元）

第三步，全年一次性奖金的计算：

全年应纳税所得额=90 001元＞36 000元，根据表4-8，全年一次性奖金单独计算。

第四步，根据表4-10，全年一次性奖金金额落到"禁区区间"，所以全年一次性奖金应当确定为36 000元。

【筹划策略】

2020年全年一次性奖金为36 000元，将少发放的1元（36 001−36 000）全年一次性奖金并入李静2020年12月的工资，即12月工资为16 001元（16 000+1）。

【验算】

方案一：全年一次性奖金36 001元与全年工资合并。

全年综合所得=16 000×12+36 001−138 000=90 001（元）

全年综合所得应缴纳个人所得税=90 001×10%−2 520=6 480.1（元）

方案二：单独计税的全年一次性奖金为36 001元。

1. 全年综合所得个人所得税的计算

全年综合所得额=16 000×12−138 000=54 000（元）

全年综合所得应缴纳个人所得税=54 000×10%−2 520=2 880（元）

2. 全年一次性奖金个人所得税的计算

36 001÷12=3 000.08（元）

根据表4-7，适用10%的个人所得税税率。

全年一次性奖金应纳个人所得税=30 001×10%-210=2 790.1（元）

共缴纳个人所得税=2 880+2 790.1=5 670.1（元）

方案三：单独计税的全年一次性奖金为36 000元，12月工资为16 001元。

1.全年综合所得个人所得税的计算

全年综合所得额=16 000×11+16 001-138 000=54 001（元）

全年综合所得应缴纳个人所得税=54 001×10%-2 520=2 880.1（元）

2.全年一次性奖金个人所得税的计算

36 000÷12=3 000（元）

根据表4-7，适用3%的个人所得税税率。

全年一次性奖金应纳个人所得税=30 000×3%=900（元）

共缴纳个人所得税=2 880.1+900=3 780.1（元）

【筹划结论】

方案三个人所得税总额最低，应当选择方案三，单独计税的全年一次性奖金为36 000元，与表4-10的结论一致。

（2）全年一次性奖金最好落到"最优点"。

当全年一次性奖金单独计税时，全年一次性奖金金额存在一点，使得纳税人综合所得个人所得税总额最低，这一点称为全年一次性奖金"最优点"。全年一次性奖金的"最优点"测算结果见表4-11。

表4-11　　　　　单独计税的全年一次性奖金最优点　　　　　单位：元

序号	全年应纳税所得额	全年一次性奖金最优点
1	（36 000，203 100）	36 000
2	203 100	36 000或144 000
3	（203 100，672 000）	144 000
4	672 000	144 000或300 000
5	（672 000，1 277 500）	300 000
6	1 277 500	300 000或420 000
7	（1 277 500，1 452 500）	420 000
8	1 452 500	420 000或660 000
9	（1 452 500，+∞）	660 000

筹划案例 4-41

新兴公司李静 2020 年每月工资 26 000 元，全年个人负担三险一金 30 000 元，全年专项附加扣除合计 48 000 元，2020 年 12 月李静取得全年一次性奖金 36 000 元，李静没有其他综合收入。请对李静的收入进行个人所得税筹划。

【筹划策略】

第一步：计算综合所得税前可以扣除的全部项目

1. 减除费用=60 000 元

2. 专项扣除=30 000 元

3. 专项附加扣除合计=48 000 元

4. 法定扣除项目合计=60 000+30 000+48 000=138 000（元）

第二步：计算全年应纳税所得额

全年应纳税所得额=26 000×12+36 000-138 000=210 000（元）

第三步：全年一次性奖金的计算方法

全年应纳税所得额=210 000 元＞36 000 元，根据表 4-8，全年一次性奖金单独计算。

第四步：判断是否落到禁区区间

根据表 4-10，全年一次性奖金 36 000 元没有落到"禁区区间"。

第五步：确定最优点

根据表 4-11，203 100 元＜全年应纳税所得额=210 000 元＜672 000 元，单独计税的全年一次性奖金为 144 000 元，李静 2020 年个人所得税总额最低。

【验算】

方案一：全年一次性奖金 36 000 元与全年工资合并。

全年综合所得=26 000×12+36 000-138 000=210 000（元）

全年综合所得应缴纳个人所得税=210 000×20%-16 920=25 080（元）

方案二：单独计税的全年一次性奖金为 36 000 元。

1. 全年综合所得个人所得税的计算。

全年综合所得额=26 000×12-138 000=174 000（元）

全年综合所得应缴纳个人所得税=174 000×20%-16 920=17 880（元）

2.全年一次性奖金个人所得税的计算。

36 000÷12=3 000（元）

根据表4-7，适用3%的个人所得税税率。

全年一次性奖金应纳个人所得税=30 000×3%=900（元）

共缴纳个人所得税=17 880+900=18 780（元）

方案三：单独计税的全年一次性奖金为144 000元。

1.全年综合所得个人所得税的计算。

全年综合所得=26 000×12+36 000-144 000-138 000=66 000（元）

全年综合所得应缴纳个人所得税=66 000×10%-2 520=4 080（元）

2.全年一次性奖金个人所得税的计算。

144 000÷12=12 000（元）

根据表4-7，适用10%的个人所得税税率。

全年一次性奖金应纳个人所得税=144 000×10%-210=14 190（元）

共缴纳个人所得税=4 080+14 190=18 270（元）

【筹划结论】

方案三个人所得税税负最低，应当选择方案三，单独计税的全年一次性奖金为144 000元，与表4-11结论一致。

第五章 企业成熟期的税务筹划

第一节 企业分立的税务筹划

企业分立，指一个企业依照有关法律、法规的规定，分立为两个或两个以上的企业的法律行为。企业分立的税务筹划涉及的税种主要包括增值税和企业所得税，下面分别进行探讨。

一、增值税税务筹划

现行一般纳税人增值税税率高低不同，包括13%、9%和6%等，对于一些特殊业务适用3%的征收率。如果纳税人不能够独立核算某些业务，增值税法要求按照最高税率缴纳增值税；如果纳税人将某些业务从单位中分立出来，就可以享受较低的税率，降低企业整体增值税税负。

筹划案例 5-1

新兴建筑设计院为增值税一般纳税人，2020年设计服务含税收入为 1 500 万元，可以抵扣的进项税额为 50 万元。请对新兴建筑设计院上述业务进行税务筹划。

【税收法规】

增值税规定按照年销售额将企业分为一般纳税人和小规模纳税人，凡是年销售额超过 500 万元的纳税人为一般纳税人，未超过规定标准的纳税人为小规模纳税人。其中，小规模纳税人按照简易计税方法计税，即按 3% 的征收率缴纳增值税，并且不能抵扣进项税额。一般纳税人采用一般计税方法计税，即按照"销项税额-进项税额"计算缴纳增值税。纳税人进项税额较多时，作为一般纳税人纳税因能抵扣进项税额而少缴税款；但是若纳税人进项税额较少，则作为小规模纳税人纳税比较合适。而一般纳税人和小规模纳税人的区分标准主要是"年销售额"，故通过企业合并或分立的方式来进行纳税人身份的选择可以有效地进行税务筹划。

【税务筹划】

新兴建筑设计院是现代服务业，按进项税额加计 10% 抵减应纳税额。

方案一：新兴建筑设计院取得设计服务收入 1 500 万元。

新兴建筑设计院增值税的加计抵减额=50×10%=5（万元）

新兴建筑设计院 2020 年应缴纳增值税=1 500÷（1+6%）×6%-50-5=29.91（万元）

方案二：新兴建筑设计院将一部分业务分立出来，成立光明建筑设计院。

将需要增值税专用发票的业务留在新兴建筑设计院，将不需要开具增值税专用发票的业务交由光明建筑设计院完成，同时，进项税额发票放在新兴建筑设计院进行抵扣。新兴建筑设计院不含税设计收入超过 500 万元，是一般纳税人；光明建筑设计院不含税设计收入低于 500 万元，是小规模纳税人。

假设筹划后新兴建筑设计院设计服务含税收入为 1 001 万元，是一般纳税人。光明建筑设计院设计服务含税收入为 499 万元，是小规模纳税人。

新兴建筑设计院增值税的加计抵减额=50×10%=5（万元）

新兴建筑设计院2020年应缴纳增值税=1 001÷（1+6%）×6%-50-5=1.66（万元）

光明建筑设计院2020年应缴纳增值税=499÷（1+3%）×3%=14.53（万元）

新兴建筑设计院和光明建筑设计院
2020年应缴纳增值税合计　　　　=1.66+14.53=16.19（万元）

【筹划结论】

方案二比方案一少缴纳增值税13.72万元（29.91-16.19），所以应当选方案二。

二、企业所得税税务筹划

现行企业所得税税收优惠以行业优惠为主，区域优惠为辅。纳税人通过将部分业务分立出来，以满足企业所得税的优惠条件，从而达到企业整体税负降低的目的。

筹划案例5-2

新兴公司从事生物工程与新医药技术产品的开发和生产，并对其主要产品拥有自主知识产权。该企业员工总数为1 000人，其中研发人员人数为80人。2018年取得的收入总额为5 000万元，其中高新技术产品收入为2 600万元，其他货物收入为2 400万元。利润总额为2 500万元（其中高新技术产品利润为1 900万元，其他货物利润为600万元），研究开发费用为400万元，加计扣除300万元。请对新兴公司上述业务进行税务筹划。

【筹划策略】

方案一：维持企业原状。

新兴公司2018年研究开发费用占销售收入的5%以上（400÷5 000=8%＞5%），然而高新技术产品的收入没有达到全年总收入的60%以上（2 600÷5 000=52%＜60%）；科研人员也没有达到当年职工总数的10%以上（80÷1 000=8%＜10%）。所以不符合高新技术企业的标准，则企业所得税适用税率为25%。

根据财税〔2018〕99号文件的规定，研发费用在按规定据实扣除的基础上，再按照实际发生额的75%在税前加计扣除。

研究开发费用加计扣除=400×75%=300（万元）

应纳企业所得税=（2 500-300）×25%=550（万元）

方案二：若新兴公司分立出一家光明公司专门从事非高新技术产品的销售。

新兴公司留下600名员工，研发人员仍是80人，达到10%以上（80÷600×100%=13.33%＞10%）；新兴公司当年收入都是高新技术产品收入，研究开发费用仍为400万元，所以新兴公司符合高新技术企业的标准，可享受15%的企业所得税税率。高新技术产品的利润为1 900万元，即新兴公司的利润总额为1 900万元，由于技术开发费用为400万元，加计扣除300万元（400×75%），所以新兴公司应纳税所得额为1 600万元（1 900-300），光明公司的利润总额与应纳税所得额均为600万元。

新兴公司应缴纳企业所得税=1 600×15%=240（万元）

光明公司应缴纳企业所得税=600×25%=150（万元）

新兴公司和光明公司应缴纳企业所得税合计=240+150=390（万元）

【筹划结论】

方案二比方案一少纳税160万元（550-390），所以应当选择方案二。

第二节　企业合并的税务筹划

企业合并亦称"公司合并"，是指两个或者两个以上的企业通过订立合并协议，依照有关法律法规的规定，将资产合为一体，组成一个新企业的行为过程。企业合并的结果是，新企业的资产等于各个合并企业的资产总和。企业合并可分为吸收合并和新设合并两种形式。吸收合并，是指两个或两个以上的企业通过订立合并协议，并依照有关法律法规的规定合并后，其中一个企业接收了其他企业的资产（包括债务）后继续存在而其他企业被解散的合并方式。在这种方式中，解散的企业称为被合并企业，继续存在的企业称为存续企业。新设合并，是指两个或两个以上的企业通过订立合并协议，并依照有关法律法规的规定合并后，在所有企业都解散的基础上，设立一个新企业的合并方式。企业合并的效应，主要是优化资源配置、形成规模经济、增强企业的市场竞争力、提高经济效益。企业合并的税务筹划主要包括增值税筹划、消费税筹划和企业所得税筹划。下面分别进行探讨。

一、增值税筹划

（一）通过公司合并获得进项税额

一般纳税人抵扣的进项税额越多，缴纳的增值税就越少，因此一般纳税人可以通过公司合并，获得更多的进项税额。

筹划案例5-3

新兴公司为增值税一般纳税人，2020年商品销售额为1 000万元，进项税额为70万元。当年新兴公司准备横向并购一家公司，有两个备选方案：

方案一：并购光明公司，光明公司的净资产为0，但是有尚未抵扣的进项税额52万元。

方案二：并购蓝天公司，蓝天公司的净资产为0，没有尚未抵扣的进项税额。

请筹划新兴公司应当选择哪个合并方案？

【税务筹划】

方案一：并购光明公司。

新兴公司2020年应缴纳增值税=1 000×13%-70-52=8（万元）

新兴公司2020年应缴纳城市维护建设税、教育费附加和地方教育附加=8×（7%+3%+2%）=0.96（万元）

新兴公司负担的税费=8+0.96=8.96（万元）

方案二：并购蓝天公司。

新兴公司2020年应缴纳增值税=1 000×13%-70=60（万元）

新兴公司2020年应缴纳城市维护建设税、教育费附加和地方教育附加=60×（7%+3%+2%）=7.2（万元）

新兴公司负担的税费=60+7.2=67.2（万元）

【筹划结论】

方案一比方案二少缴纳税费58.24万元（67.2-8.96），并购光明公司可以减少税费，起到了节税的效果，所以应当选择方案一，并购光明公司。

（二）通过公司合并获得一般纳税人资格

小规模纳税人虽然征收率只有3%但是进项税额不能抵扣，如果小规模纳税人存在大量进项税额，可以考虑通过公司合并达到一般纳税人的条件，达到降低增值税税负的目的。

筹划案例5-4

有两家餐饮服务企业，甲餐饮公司是小规模纳税人，年含税销售额420万元。乙餐饮公司是小规模纳税人，年含税销售额450万元。这两家餐饮企业均有150万元的免税农产品收购凭证。请对两家餐饮服务企业的业务进行增值税筹划。

【筹划策略】

（一）筹划模型

因餐饮公司采购大量的农产品，而如果这些农产品都属于免税农产品，则开具农产品收购发票并不会增加企业的采购成本，相应的，通过进项税额抵扣可以起到节税的目的。

下面建立餐饮公司增值税模型，计算一般纳税人和小规模纳税人增值税税负平衡点。

假设A为合并后餐饮公司含税销售额，B为合并后餐饮公司采购免税农产品的金额。

小规模纳税人应缴纳增值税=A÷1.03×3%

一般纳税人应缴纳增值税=A÷1.06×6%-B×（9%+1%）-B×（9%+1%）×15%

$\qquad$ = A÷1.06×6%-B×10%×1.15

$\qquad$ = A÷1.06×6%-B×11.5%

令小规模纳税人应缴纳增值税等于一般纳税人应缴纳增值税。

A÷1.03×3%=A÷1.06×6%-B×11.5%

B：A=23.89%

（二）模型结论

1.当餐饮公司采购免税农产品的金额与餐饮公司含税销售额的比例为 23.89%（即 B∶A=23.89%），餐饮公司是否合并应纳增值税都相等；

2.当餐饮公司采购免税农产品的金额与餐饮公司含税销售额的比例低于 23.89%（即 B∶A＜23.89%），餐饮公司不需要合并，选择作为小规模纳税人缴纳增值税；

3.当餐饮公司采购免税农产品的金额与餐饮公司含税销售额的比例大于 23.89%（即 B∶A＞23.89%），餐饮公司需要合并，选择作为一般纳税人缴纳增值税。

（三）利用餐饮公司增值税模型的筹划结论

合并后餐饮公司含税销售额 A 为 870 万元，合并后餐饮公司采购免税农产品金额 B 为 300 万元（150+150）。

B∶A=300∶870=34.48%，大于 23.89%，餐饮公司需要合并，选择作为一般纳税人缴纳增值税。

（四）验算

方案一：两家餐饮服务企业按照小规模纳税人核算。

甲餐饮公司和乙餐饮公司年销售额都小于 500 万元，是小规模纳税人。

甲餐饮公司应缴纳增值税=420÷1.03×3%=12.23（万元）

乙餐饮公司应缴纳增值税=450÷1.03×3%=13.11（万元）

甲餐饮公司和乙餐饮公司应缴纳增值税合计=12.23+13.11=25.34（万元）

方案二：将甲餐饮公司和乙餐饮公司合并，成立丙餐饮公司。

丙餐饮公司属于生活服务业，按进项税额加计 15% 抵减应纳税额。

丙餐饮公司年含税销售额为 870 万元（420+450）。

丙餐饮公司不含税销售额=870÷1.06=820.75（万元）＞500 万元，丙餐饮公司符合一般纳税人标准，可以申请认定为一般纳税人。

丙餐饮公司增值税销项税额=820.75×6%=49.25（万元）

现行增值税规定，纳税人购进用于生产销售或委托加工 13% 税率货物的农产品，按照 10% 的扣除率计算进项税额。

丙餐饮公司增值税进项税额=（150+150）×（9%+1%）=30（万元）

丙餐饮公司增值税的加计抵减额=30×15%=4.5（万元）

丙餐饮公司应缴纳增值税=49.25-30-4.5=14.75（万元）

通过验算，方案二比方案一少缴纳增值税10.59万元（25.34-14.75），所以应当选择方案二。与利用餐饮公司增值税模型得出的筹划结论一致。

筹划案例5-5

有两家餐饮服务企业，甲餐饮公司是小规模纳税人，年含税销售额420万元；乙餐饮公司是小规模纳税人，年含税销售额450万元。这两家餐饮企业均有95万元的免税农产品收购凭证。请对两家餐饮服务企业的业务进行增值税筹划。

【筹划策略】

（一）利用【筹划案例5-4】餐饮公司增值税模型的筹划结论

合并后餐饮公司含税销售额A为870万元，合并后餐饮公司采购免税农产品金额B为190万元（95+95）。

B：A=190：870=21.84%，小于23.89%，餐饮公司不需要合并，选择作为小规模纳税人缴纳增值税。

（二）验算

方案一：两家餐饮服务企业按照小规模纳税人核算。

甲餐饮公司和乙餐饮公司年销售额都小于500万元，是小规模纳税人。

甲餐饮公司应缴纳增值税=420÷1.03×3%=12.23（万元）

乙餐饮公司应缴纳增值税=450÷1.03×3%=13.11（万元）

甲餐饮公司和乙餐饮公司应缴纳增值税合计=12.23+13.11=25.34（万元）

方案二：将甲餐饮公司和乙餐饮公司合并，成立丙餐饮公司。

丙餐饮公司属于生活服务业，按进项税额加计15%抵减应纳税额。

丙餐饮公司年含税销售额为870万元（420+450）。

丙餐饮公司不含税销售额=870÷1.06=820.75（万元）＞500万元，

丙餐饮公司符合一般纳税人标准，可以申请认定为一般纳税人。

丙餐饮公司增值税销项税额=820.75×6%=49.25（万元）

现行增值税规定，纳税人购进用于生产销售或委托加工13%税率货物的农产品，按照10%的扣除率计算进项税额。

丙餐饮公司增值税进项税额=（95+95）×（9%+1%）=19（万元）

丙餐饮公司增值税的加计抵减额=19×15%=2.85（万元）

丙餐饮公司应缴纳增值税=49.25-19-2.85=27.40（万元）

通过验算，方案一比方案二少缴纳增值税2.06万元（27.40-25.34），所以应当选择方案一。与利用餐饮公司增值税模型得出的筹划结论一致。

二、消费税筹划

对绝大部分外购或委托加工已税消费品连续生产应税消费品销售，可按当期生产领用数量计算准予扣除的外购应税消费品已纳的消费税税款。但是对酒、小汽车、高档手表、游艇、电池、涂料、摩托车，在计税时一律不得扣除外购、委托加工收回已纳的消费税。所以，如果企业先外购或委托加工酒、小汽车、高档手表、游艇、电池、涂料、摩托车，再连续生产该应税消费品销售，会造成企业重复缴纳消费税，增加企业消费税税负，企业需要进行合理税务筹划。

筹划案例5-6

白酒生产企业新兴酒厂于2019年1月成立，预计新兴酒厂年销售白酒3 000吨，每吨不含税价格为4万元，全年可以实现销售收入12 000万元。新兴酒厂计划首先委托光明酒厂加工高纯度白酒，然后由新兴酒厂生产成白酒销售。具体方案如下：新兴酒厂将价值3 000万元的原材料委托光明公司加工成2 000吨高纯度白酒，新兴酒厂支付给光明公司加工费2 800万元，再由新兴酒厂将2 000吨高纯度白酒勾兑成新兴酒厂品牌的白酒销售，新兴酒厂勾兑白酒的成本为1 000万元。请对新兴酒厂生产白酒的业务进行消费税筹划。

【税收法规】

一、白酒的税率

白酒采用复合税率，从价计征的比率税率为20%，从量定额0.5元/500克。

二、委托加工业务

1.委托加工应税消费品是指委托方提供原料和主要材料，受托方只收取加工费和代垫部分辅助材料加工的应税消费品。由受托方提供原材料或其他情形的一律不能视同加工应税消费委托加工的应税消费品，除受托方为个人外，由受托方在委托方交货时代收代缴税款；委托个人加工的应税消费品，由委托方收回后缴纳消费税。

2.委托加工的应税消费品，受托方在交货时已代收代缴消费税，委托方将收回的应税消费品，以不高于受托方的计税价格出售的，为直接出售，不再缴纳消费税；委托方以高于受托方的计税价格出售的，不属于直接出售，需按照规定申报缴纳消费税，在计税时准予扣除受托方已代收代缴的消费税。

3.委托加工的应税消费品，按照受托方的同类消费品的销售价格计算纳税，同类消费品的销售价格是指受托方（即代收代缴义务人）当月销售的同类消费品的销售价格，如果当月同类消费品各期销售价格高低不同，应按销售数量加权平均计算。但销售的应税消费品有下列情况之一的，不得列入加权平均计算：

（1）销售价格明显偏低又无正当理由的；

（2）无销售价格的。

如果当月无销售或者当月未完结，应按照同类消费品上月或最近月份的销售价格计算纳税。没有同类消费品销售价格的，按照组成计税价格计算纳税。组成计税价格的计算公式为：

实行从价定率办法计算纳税的组成计税价格计算公式：

组成计税价格=（材料成本+加工费）÷（1−比例税率）

实行复合计税办法计算纳税的组成计税价格计算公式：

组成计税价格=（材料成本+加工费+委托加工数量×定额税率）÷（1−比例税率）

《消费税暂行条例实施细则》规定，"加工费"是指受托方加工应税消费品向委托方所收取的全部费用（包括代垫辅助材料的实际成本，不包括增值税），这是税法对受托方的要求。受托方必须如实提供向委托方收取的全部费用，这样才能既保证组成计税价格及代收代缴消费税能准确地计算出来，也使受托方按加工费得以正确计算其应纳的增值税。

4.委托加工的白酒已由受托方代收代缴消费税，委托方收回货物后用于连续生产应税消费品的，其已纳税款不能从连续生产的应税消费品应纳消费税税额中抵扣。

【筹划策略】

方案一：新兴公司委托光明公司加工高纯度白酒。

（1）新兴公司向光明公司支付加工费的同时，向光明公司支付由光明公司代收代缴的消费税。

消费税组成计税价格=（3 000+2 800+2 000×1 000×2×0.5÷10 000）÷（1-20%）
=7 500（万元）

委托加工环节新兴公司应缴纳消费税=7 500×20%+2 000×1 000×2×0.5÷10 000
=1 700（万元）

（2）新兴公司销售白酒。

新兴公司应缴纳消费税=12 000×20%+3 000×1 000×2×0.5÷10 000=2 700（万元）

（3）新兴公司共负担消费税=1 700+2 700=4 400（万元）

新兴公司应缴纳城市维护建设税、
教育费附加和地方教育附加 =4 400×（7%+3%+2%）=528（万元）

新兴公司2019年税后利润=（12 000-3 000-2 800-1 000-4 400-528）×（1-25%）
=204（万元）

方案二：新兴公司自己生产高纯度白酒。

由新兴公司先自己生产出高纯度白酒，加工高纯度白酒的费用即为委托光明公司加工高纯度白酒的费用2 800万元。新兴公司再勾兑出自己品牌的白酒，勾兑白酒的成本仍为1 000万元。

（1）新兴公司销售白酒。

新兴公司应缴纳消费税=12 000×20%+3 000×1 000×2×0.5÷10 000=2 700（万元）

（2）新兴公司只负担一部分消费税2 700万元。

新兴公司应缴纳城市维护建设税、 =2 700×（7%+3%+2%）=324（万元）
教育费附加和地方教育附加

新兴公司2019年税后利润=（12 000-3 000-2 800-1 000-2 700-324）×（1-25%）
=1 632（万元）

【筹划结论】

方案二比方案一税后利润提高1 428万元（1 632-204），所以应当选择方案二，新兴公司自己生产高纯度白酒。

三、企业所得税筹划

企业合并时的企业所得税税务筹划包括两部分内容：第一，企业合并时支付对价的企业所得税筹划；第二，企业合并后，弥补亏损的企业所得税筹划。

筹划案例5-7

新兴公司共有股权1 000万股，为了将来有更好的发展，将80%的股权转让给光明公司，然后成为光明公司的子公司。假定收购日新兴公司每股资产的计税基础为7元，每股资产的公允价值为9元。在收购对价中光明公司以银行存款支付7 200万元。请对新兴公司收购光明公司业务进行企业所得税筹划。

【税收法规】

一、企业合并的一般性税务处理的方法

1.合并企业应按公允价值确定接受被合并企业各项资产和负债的计税基础。

2.被合并企业及其股东都应按清算进行所得税处理。

3.被合并企业的亏损不得在合并企业结转弥补。

二、企业合并的特殊性税务处理的方法

企业合并的特殊性税务处理的条件：（1）股权支付金额不低于其交易支付总额的85%；（2）同一控制下且不需要支付对价的企业合并。

企业合并的特殊性税务处理：（1）对交易中的股权支付，暂不确认有关资产的转让所得或损失；（2）非股权支付对应的资产转让所得或损失＝（被转让资产的公允价值－被转让资产的计税基础）×（非股权支付金额÷被转让资产的公允价值）。

【筹划策略】

方案一：在收购对价中光明公司以银行存款支付7 200万元。重组交易对价中涉及非股权支付的比例为100%（7 200÷7 200×100%），即股权支付比例为0，没有超过85%，不符合特殊性税务处理条件，因此按照一般性税务处理，需要对股权转让所得缴纳企业所得税。

新兴公司应缴纳企业所得税＝（9-7）×1 000×80%×25%＝400（万元）

方案二：收购对价共7 200万元，其中光明公司以股权形式支付6 480万元，以银行存款支付720万元。重组后的连续12个月光明公司不改变重组资产原来的实质性经营活动，光明公司在重组后连续12个月内，不得转让所取得的股权。

新兴公司转让股权给光明公司是为了公司将来更好地发展，具有合理的商业目的，不以减少、免除或者推迟缴纳税款为主要目的；新兴公司转让80%的股权超过50%的标准；重组后的连续12个月光明公司不改变重组资产原来的实质性经营活动；重组交易对价中涉及股权支付的比例为90%（6 480÷7 200×100%），超过85%；光明公司在重组后连续12个月内，不得转让所取得的股权。因此，符合特殊性税务处理的条件。新兴公司取得股权支付额对应的资产转让所得不需要缴纳企业所得税，新兴公司取得非股权支付额对应的资产转让所得需要缴纳企业所得税。

新兴公司取得非股权支付额对应的资产转让所得＝（9-7）×1 000×80%×（720÷7 200）＝1 600×10%＝160（万元）

新兴公司需要缴纳企业所得税＝160×25%＝40（万元）

方案三：全部以股权形式支付收购对价7 200万元。重组后的连续12个月光明公司不改变重组资产原来的实质性经营活动，光明公司在重组后连续12个月内，不得转让所取得的股权。

新兴公司转让股权给光明公司是为了公司将来更好地发展，具有合理的商业目的，不以减少、免除或者推迟缴纳税款为主要目的；新兴公司转让80%的股权超过50%的标准；重组后的连续12个月光明公司不改变重组资产原来的实质性经营活动；重组交易对价中涉及股权支付的比例为100%，超过85%；光明公司在重组后连续12个月内，不得转让所取得的股权。因此，符合特殊性税务处理的五个条件。因为新兴公司没有非股权支付，所以新兴公司不需要缴纳企业所得税。

【筹划结论】

方案三新兴公司不需要缴纳企业所得税，方案三企业所得税税负最小，应当选择方案三。

筹划案例5-8

2019年6月，新兴股份有限公司兼并亏损企业光明公司。光明公司2018年亏损230万元，合并时账面净资产为800万元，评估价值为1 000万元，2019年五年期国债年利率为5%。新兴股份有限公司拥有丙公司股票1 000万股（面值为1元/股），合并时丙公司股票市价为4元/股。新兴股份有限公司用丙公司250万股股票购买光明公司。请对新兴股份有限公司合并光明公司业务进行税务筹划。（光明公司清算所得为负数）

【筹划策略】

方案一：新兴股份有限公司以400万元现金和丙公司150万股股票购买光明公司。

新兴股份有限公司股权支付的金额=150×4=600（万元）

股权支付的比例=600÷1 000×100%=60%＜85%，不符合特殊性税务处理的条件，光明公司需要缴纳企业所得税。

光明公司缴纳企业所得税=（1 000-800）×25%=50（万元）

光明公司清算所得为负数，不能弥补经营所得的亏损。

新兴股份有限公司不得弥补光明公司的亏损。

方案二：新兴股份有限公司以丙公司250万股股票购买光明公司。

新兴股份有限公司股权支付的金额=250×4=1 000（万元）

股权支付的比例=1 000÷1 000×100%=100%＞85%，符合特殊性税务处理的条件，光明公司不需要缴纳企业所得税。

新兴股份有限公司每年弥补光明公司的亏损限额=1 000×5%=50（万元）

新兴股份有限公司 2019 年到 2022 年每年可以弥补光明公司的亏损额为 50 万元，2023 年可以弥补光明公司的亏损额为 30 万元（230−50×4）。

新兴股份有限公司因为弥补光明公司亏损可以少缴纳企业所得税57.5 万元（230×25%）。

【筹划结论】

未来五年，方案二比方案一新兴公司共少缴纳企业所得税 57.5 万元，所以应当选择方案二。

第六章　企业衰退期的税务筹划

第一节　企业重组的税务筹划

　　企业的重组行为可以通过许多种方式进行，企业可以根据自身的实际情况与需求来选择相应的重组方式，可以对资产、业务、债务、员工、管理模式等多个方面进行重组。债务重组是企业重组的一种形式。

　　债务重组，是指在债务人发生财务困难的情况下，债权人按照其与债务人达成的书面协议或者法院裁定书，就其债务人的债务作出让步的事项。现行消费税规定，纳税人用于换取生产资料、消费资料、投资入股、抵偿债务等方面的应税消费品，按照同类应税消费品的最高销售价格作为计税依据计算消费税。

　　用库存材料、商品抵偿债务，先销售再抵债与直接抵债相比前者可同时降低债权人和债务人的税收负担。

筹划案例6-1

北京市新兴手表公司2020年3月份对外出售Ｖ型高档手表，当月平均对外销售价格为3万元/只，最高销售价格为3.2万元/只，最低销售价格为2.8万元/只。新兴手表公司欠光明公司800万元的债务，新兴手表公司由于经营不善到期无法偿还光明公司的债务，双方协商用200只手表抵偿该欠款，高档手表的消费税税率为20%，每只手表的成本价为1.5万元/只。请对该债务重组方案进行税务筹划。

【筹划策略】

方案一：新兴手表公司用手表抵债。

1.新兴手表公司债务重组涉税情况如下：

应缴纳增值税销项税额=200×3×13%=78（万元）

应缴纳消费税=200×3.2×20%=128（万元）

应缴纳城市维护建设税、教育费附加和地方教育附加=（78+128）×（7%+3%+2%）

=24.72（万元）

应缴纳所得税=［200×（3-1.5）-128-24.72+（800-200×3）］×25%=86.82（万元）

新兴手表公司在债务重组中的税负总额=78+128+24.72+86.82=317.54（万元）

2.光明公司债务重组涉税情况如下：

可抵扣进项税额=200×3×13%=78（万元）

债务重组损失=（800-200×3）-78=122（万元）

调减应纳税所得额122万元。

抵减所得税额=122×25%=30.5（万元）

光明公司在债务重组中可抵扣的税额=78+30.5=108.5（万元）

方案二：新兴手表公司先将200只手表以每只2.8万元的价格销售给光明公司，然后用该销售金额偿还光明公司的债务，不足偿还的部分，新兴手表公司和光明公司协商予以豁免。

1.新兴手表公司债务重组涉税情况如下：

应缴纳增值税销项税额=200×2.8×13%=72.8（万元）

应缴纳消费税=200×2.8×20%=112（万元）

应缴纳城市维护建设税、教育费附加和地方教育附加 =（72.8+112）×（7%+3%+2%）=22.18（万元）

应缴纳所得税=［200×（2.8-1.5）-112-22.18+（800-200×2.8）］×25%

= 91.46（万元）

新兴手表公司债务重组中的税负总额=72.8+112+22.18+91.46=298.44（万元）

2.光明公司债务重组涉税情况如下：

可抵扣进项税额=200×2.8×13%=72.80（万元）

债务重组损失=（800-200×2.8）-72.8=167.20（万元）

调减应纳税所得额167.20万元。

抵减所得税税额=167.20×25%=41.80（万元）

光明公司在债务重组中可抵扣的税额=72.80+41.80=114.60（万元）

【筹划结论】

方案二比方案一新兴手表公司税负减轻19.10万元（317.54-298.44），方案二比方案一光明公司的税负减轻6.1万元（114.6-108.5），所以应当选择方案二。

个人以自有房产投资成立公司制企业（有限责任公司或股份有限公司），最好不要直接成立，而是先成立个人独资企业，再改制成立公司制企业，享受免征契税的优惠政策。

筹划案例6-2

刘先生和赵先生准备筹办新兴有限责任公司，刘先生准备以自有的价值800万元的商品房投资于新兴有限责任公司，赵先生将200万元货币资金投资于新兴有限责任公司，契税税率为3%。请对上述业务进行税务筹划。

【税收法规】

现行契税规定，以自有房产作股投入本人独资经营的企业，免纳契税。因为以自有的房地产投入本人独资经营的企业，产权所有人和使用权人未发生变化，不需要办理房屋变更手续，也不办理契税手续。

《关于继续支持企业事业单位改制重组有关契税政策的通知》（财税〔2018〕17号）规定，企业按照《中华人民共和国公司法》有关规定整体改制，包括非公司制企业改制为有限责任公司或股份有限公司，有限责任公司变更为股份有限公司，股份有限公司变更为有限责任公司，原企业投资主体存续并在改制（变更）后的公司中所持股权（股份）比例超过75%，且改制（变更）后公司承继原企业权利、义务的，对改制（变更）后公司承受原企业土地、房屋权属，免征契税。

【筹划策略】

方案一：直接成立为新兴有限责任公司。

新兴有限责任公司注册资本为1 000万元（800+200）。

新兴有限责任公司接受房产应缴纳契税=800×3%=24（万元）

方案二：分三步成立新兴有限责任公司。

第一步，刘先生成立一家个人独资企业，将自有的价值800万元的商品房投入该个人独资企业。按照现行契税规定，该个人独资企业承受的房产，房产产权所有人和使用权人未发生变化，免征契税。

第二步，刘先生将该个人独资企业改制为新兴有限责任公司，刘先生仍为新兴有限责任公司投资者。根据财税〔2018〕17号的规定非公司制企业（个人独资企业）改制为有限责任公司，原个人独资企业投资主体刘先生仍然投资新兴有限责任公司，投资比例100%，新兴有限责任公司承受原个人独资企业房屋权属，免征契税。

第三步，新兴有限责任公司吸收赵先生投资的200万元货币资金。

【筹划结论】

方案二比方案一少缴纳契税24万元，所以选择方案二。

第二节　企业破产的税务筹划

财政部、国家税务总局《关于企业事业单位改制重组契税政策的通知》（以下简称财税〔2012〕4号）规定："企业依照有关法律、法规规定实施破产，债权人（包括破产企业职工）承受破产企业抵偿债务的土地、房屋权属，免征契税；对非债权人承受破产企业土地、房屋权属，凡按照《劳动法》等国家有关法律法规政策妥善安置原企业全部职工，与原企业全部职工签订服务年限不少于三年的劳动用工合同的，对其承受所购企业的土地、房屋权属，免征契税；与原企业超过30%的职工签订服务年限不少于三年的劳动用工合同的，减半征收契税。"

筹划案例6-3

2019年1月，新兴公司因严重亏损准备关闭，尚欠主要债权人光明公司8 000万元，准备以新兴公司一块价值8 000万元的房产偿还所欠债务。新兴公司与光明公司签订房产抵债协议，协议约定，新兴公司以其价值8 000万元的房产偿还所欠光明公司债务8 000万元。契税税率为4%。请对该债务重组方案进行税务筹划。

【筹划策略】

方案一：光明公司接受新兴公司房产抵债。

光明公司应缴纳契税=8 000×4%=320（万元）。

方案二：新兴公司先破产再偿债。

光明公司推迟与新兴公司签订房产抵债合同的时间，即光明公司先以主要债权人身份到法院申请新兴公司破产，待新兴公司破产清算后再以主要债权人身份以新兴公司破产财产中的房产抵债，新兴公司以价值8 000万元的房产抵偿光明公司债务8 000万元。

光明公司承受破产企业新兴公司的房产免征契税。

【筹划结论】

方案二比方案一少缴纳契税320万元，所以应当选择方案二。

筹划案例6-4

新兴公司因长期经营不善，2019年无法偿还工商银行到期贷款，贷款本息合计9 000万元。新兴公司准备以公允价值9 000万元的办公楼偿还工商银行的贷款，契税税率为3%。请对工商银行承受新兴公司房产业务进行税务筹划。

【筹划策略】

方案一：新兴公司准备以公允价值9 000万元的办公楼偿还工商银行的贷款。

工商银行需要缴纳契税=9 000×3%=270（万元）

方案二：工商银行改变接受新兴公司以办公楼抵债的时间，工商银行首先以主要债权人身份向人民法院申请新兴公司破产，待新兴公司破产清算后再以债权人的身份向新兴公司索要公允价值9 000万元的办公楼抵偿贷款本息，工商银行免征契税。

【筹划结论】

方案二较方案一工商银行少缴纳契税270万元，所以工商银行应当选择方案二。

参考文献

[1] MEIGS W B, MEIGS R F. Accounting [M]. New York: Havard Business School Press, 1984.

[2] AIM. Measuring, Explaining, and Controlling Tax Evasion: Lesson from Theory, Experiments and Field Studies [J]. International Tax & Public Finance, 2012 (19).

[3] MODIGLIANI, MILLER. The Cost of Capital, Corporation Finance and the Theory of Investment [J]. The American Economic Review, 1958 (6).

[4] SALE, CARROLL. Tax Planning Tools for the Multinational Corporation [J]. Management Accounting, 1979 (1).

[5] YONG. The Macro Impacts of Public Resold Dwellings on Private Housing Prices in Singapore [J]. Review of Urban & Regional Development Studies, 2003, 15 (3).

[6] 唐腾翔，唐向. 纳税筹划 [M]. 北京：中国财政经济出版社，1994.

[7] 盖地. 税务筹划学 [M]. 5版. 北京：中国人民大学出版社，2017.

[8] 盖地. 税务筹划理论与实务 [M]. 5版. 大连：东北财经大学出版社，2017.

[9] 盖地. 税务筹划 [M]. 5版. 北京：高等教育出版社，2016.

[10] 姚林香，席卫群．税务筹划教程［M］．上海：复旦大学出版社，2016.

[11] 梁文涛．企业纳税筹划方案设计［M］．北京：中国人民大学出版社，2015.

[12] 蔡昌．税收筹划：理论、实务与案例［M］．北京：中国人民大学出版社，2018.

[13] 蔡昌．税收筹划［M］．北京：经济科学出版社，2016.

[14] 蔡昌．税收筹划论：前沿理论与实证研究［M］．北京：清华大学出版社，2015.

[15] 胡绍雨．税务筹划［M］．武汉：华中科技大学出版社，2016.

[16] 西蒙，克里斯托弗．税收经济学［M］．罗晓林，译．北京：中国财政经济出版社，1988.

[17] 吕敏．从白酒企业的反避税征管谈税收筹划的原则［J］．会计之友，2010 (5).

[18] 王玉娟．基于纳税平衡点的增值税税务筹划方法［J］．商业会计，2019 (1).

[19] 王玉娟．第90号公告对处置旧固定资产购销双方的影响［J］．财务与会计，2016 (9).

[20] 王玉娟．新税收政策对企业税务筹划的影响［J］．时代经贸，2015 (9).

[21] 王玉娟．营改增后纳税人资格的增值税筹划［J］．北京市经济管理干部学院学报，2015 (6).

[22] 王玉娟．"营改增"后纳税人选择供应商身份的税务筹划［J］．商业会计，2015 (3).

[23] 王玉娟．关联企业利用广告费和业务宣传费进行纳税筹划的建议［J］．商业会计，2014 (9).

[24] 王玉娟．新个人所得税法下全年一次性奖金的纳税筹划［J］．财会月刊，2012 (3).

[25] 王玉娟．小型微利企业的税务筹划［J］．商业会计，2019 (8).

[26] 王玉娟．企业组织形式的税务筹划研究［J］．财会通讯，2020 (6).

[27] 王玉娟．新增值税政策下的业务流程再造［J］．商业会计，2020 (6).